母子画の基礎的・臨床的研究

馬場史津 著

北大路書房

出版に寄せて

　本書は，著者がGillespie（1994）により考案された母子画（Mother and Child Drawings）を臨床的に試み，診断・評価の必要性と事例の基礎的研究をふまえて母子画の心理テストとしての客観的な解釈を追求し，母子画の心理テスト化を目指したものであり，2004年3月に文教大学大学院人間科学研究科臨床心理学専攻博士課程に提出された博士論文である。

　本書の学問的意義としては，描画テストにおける人物画テストおよび家族画テストの領域に，臨床的実践における心理アセスメントのための有効な手段として母子画を加えたことであり，この点に優れたオリジナリティがあろう。さらに，実践的意義として，母子画のテスト化によって，客観的かつ統一的な解釈が可能となることにより，比較的初心者であっても，母子画に表わされた被検者の「心の声」（表現型）から内面化された「心の内容」（傷ついた心とその機制）を一定程度理解することが可能となることである。学問的な寄与のみならず，実践的に寄与するところが大きいと考えることができる。

　学問的側面から本書をみるとき，次の3点からその貢献を評価することができよう。

　これまでの母子画による臨床的実践では，描画をGillespieの理論に従った象徴的解釈からの理解はしても，その描画表現の出現頻度からの理解は欠いたものであった。本書では実践的事例研究により明らかになった母子画の有用性の基礎に立って，描画指標とその表現型から出現頻度を明らかにし，描画指標ごとに多くの人に見られる標準的表現型と少数にしか見られない非標準的表現型を区別している。このような区別を母子画において体系的に行った研究は，これまでになかったものである。出現頻度によるこの区別は母子画の客観的な解釈のための基本的要件であり，描画指標の表現型の設定と合わせ評価できる。これが第1の点である。

　第2に，いくつかの描画指標の表現型を組み合わせた描画パターンを設定し，表現された母子画を表現型の要素的理解から，さらに進めて，構造的・体

系的に理解することを追及している。これは描画に表現される人の「心の内容」が，要素の集合ではなく，構造化され体系化されたゲシュタルトとして存在すると考えられるからであるが，描画パターンが愛着尺度などの心理テストとの関係で，パターンによりそれぞれの特徴を示すことが明らかにされたことは，母子画の理解における描画パターンとしての理解の有効性を示し，また「心の内容」の理解においてゲシュタルト的理解の重要性を示したものである。このこともまた，母子画の理解と解釈に方向性を与えたものとして重要である。

第3に，母子画の総体的かつ相対的理解のための指標として母子画得点が工夫されている。母子画は本質的には多面的な「心の内容」が表現されているものであり，一次元の軸上の点数で捉えられるものではない。その意味では，本書でのテストとしての得点化は試論的なものである。母子画に表現される「心の内容」のいくつかの軸が今後明確になった際には，その軸に沿った得点化がなされるべきであるが，今回の母子画得点は今後の展開のための第一段階として評価できる。

実践的側面に関しても，次の点が評価できよう。

第1に，臨床的事例に描画パターンを適用し，また心理テストにより示された特徴から母子画の解釈仮説を提示できたことである。解釈仮説はまだ発展途上の状態であるが，一定の妥当性を示すものと考えることができ，その意味では初心者に対して一定の指針を示すことができたと言える。

第2に，母子画記録票を工夫し，描画された母子画を記録票に整理し，一定の手順に従って母子画を解釈することを可能にしている。本書に示された記録票はまだ試作的なもので今後の改善を必要とするものであろうが，被検者の母子画を記録票に整理する中で新たな描画指標や表現型に気づく契機となるであろう。

第3に，心理診断としての母子画の解釈は，その後の心理治療への指針を提供するが，一定期間の心理治療の後の母子画によって，被検者の「心の内容」の変化の状態を評価するためにも有効であろう。現在は，母子画の描画パターンはまだ試論的なものであり，解釈仮説も生成中ではあるが，実践的には中核

的な解釈の軸は捉えられているので，今後のさらなる展開が期待できよう。

　以上のように，本書には母子画の心理テストとしての基礎的指標と解釈のための基本的な準備が提示されている。つまり，本書はわが国初めての母子画解釈の手引き書である。著者は自らの経験から，初心の検査者や治療者に役立つ心理テストとしての母子画の意義を述べている。しかしながら，描画テストの客観的な解釈や被検者の「心の声」「心の内容」の理解はすべての検査者に必要な要素であろう。今後，子どもから高齢者にわたっての母子画のデータ収集や解釈仮説の整備，母子画得点の発展など，さらなる心理テストとしての充実が図られ，母子画が臨床場面で大いに活用されることを期待する。

文教大学

上杉　喬

本研究の背景と目的

　心理療法を実施するにあたっては，患者の抱えるさまざまな問題を把握し，なぜそのような問題が発生したのかを理解する心理アセスメントが不可欠である。特に精神力動的な心理療法では，患者の対象関係やそれに基づく転移を理解することが重要なポイントとなる。しかしながら，初心の治療者が転移に気づき，実感をもって理解することはとても難しい。また初心の治療者は，往々にして心理検査に関しても初心者である。そのため，「面接によっては治療者として洞察しえぬことが投影法を用いることによって比較的初期に把握でき，治療の指針を得ることができる」（秋谷，1984）といわれる投映法を用いた心理アセスメントを実施しても，初心者は検査から得られた深層心理を観念的に理解するにとどまり，それが被検者の日常生活や心理療法場面にどのように表れてくるのか，具体的に推測することが困難である。観念的な解釈は，患者個人の問題を理解する心理アセスメントとしてはあまり有用ではない。したがって，初心者にも実施や解釈がしやすく，患者の抱える問題が具体的に理解できるような心理検査，さらに精神力動的な心理療法の立場からは患者の対象関係や転移が理解できる心理検査の必要性は大きいといえよう。

　このような期待を担う検査法としては「解釈に関与する因子が臨床経験や理論についての知識とは直接に関係していない」（Handler，1991）といわれる描画テストがある。描画テストは絵を媒介として描き手の心的世界を解釈する。描画は言語表現を必要としないため，描き手の無意識的な葛藤や言葉にならない感情がイメージとして表現され，検査者も描き手のイメージをありのままに理解することが可能である。描画テストは実施が簡便であるとともに被検者への侵襲性が低いというメリットもあり，多くの技法が開発されている。しかしながら，その多くは診断や被検者の人格特徴の理解，家族関係の把握が目的であった。診断や人格特徴の理解が心理アセスメントの重要な側面であることは言うまでもないが，一歩すすんで心理療法の治療指針にまで踏み込んだ描画テストは少なく，ましてや被検者の転移に焦点を当てたものは見当たらなかった。

本研究の背景と目的

　こうした状況のなかで，Gillespie（1989）が考案した母子画（Mother and Child Drawings）は画期的な技法であった。母子画が準拠理論とする対象関係論では，人が生まれた時からすでに心的世界を持ち，そこには多数の断片化した自己や対象（母親の声を聴く体験や身体に触れる体験が内的感覚として子どもに実感されたもの）が存在する，そして人は心的世界を構成する自己と対象の関係に基づいて現実を認知し行動すると考える（松木，1996a）。Gillespieは，母子画に描かれた母親像と子ども像に描き手の自己と対象の関係が投映されると仮定して母子画を考案したのである。描画の指標を象徴的に解釈するだけであった従来の描画テストに比べ，Gillespieの母子画は理論を包括的に組み込んだという点で画期的なものであった。

　Gillespieは，母子画が治療者-患者関係や患者の転移を把握する検査であるとは明言していない。しかしながら，現実の対人関係を規定する個人の自己と対象の関係（対象関係）が母子画に投映されるのであれば，そこに描かれた関係は治療者-患者関係にも反映されると考えられ，治療者に向けられる患者の転移を予測する手がかりになると思われる。このように考えると，母子画は精神力動的な心理療法を前提にした心理アセスメントの手段として大いに期待できる技法である。

　Gillespieが1994年に出版した*The Projective Use of Mother-and-Child Drawings*には多数の事例が掲載され，発達的な見解も述べられている。わが国の母子画の研究には，標準的反応の調査研究（馬場，1997，2001b），母性意識との関係を調査した研究（松下・石川，1999），愛着との関係を調査した研究（馬場，2003），臨床的に応用した事例的研究（馬場，2001a，2002）があるが，心理検査として確立されているとは言い難い。したがって本研究の目的は，母子画を心理検査として利用することを前提にした基礎的・臨床的検討を行うことである。

　本書は文献研究，臨床的研究，基礎的研究によって構成されている。第Ⅰ部の文献研究では人物画テストの歴史と近年の描画研究の動向について概観し，Gillespieの研究を紹介する。第Ⅱ部の臨床的研究では，母子画に基づく事例の心理アセスメントと心理療法過程とを照合しながら，母子画の臨床的活用について検討する。第Ⅲ部の基礎的研究では，臨床的実践をもとにした分析指標の

設定と出現頻度の調査，信頼性や外的指標との関連を検討しながら分析指標の解釈仮説を提示する。さらに精神障害者や非行少年を対象にした調査研究について報告し，最後に心理検査としての母子画の意義について考察する。

著　者
馬場史津

目　次

出版に寄せて
本研究の背景と目的

第Ⅰ部　文献研究

第1章　描画テストの歴史と最近の動向 …………2
第1節　描画テストの歴史　2
第2節　最近の動向　5

第2章　描画の主観性と客観性 …………9
第1節　投映法における描画テストの位置付け　9
第2節　描画テストの主観性と客観性　10

第3章　母子画 …………16
第1節　母子画の理論的背景　16
第2節　母子画の研究　18
第3節　母子画の実施法　21
第4節　母子画を解釈する視点　22

第Ⅱ部　母子画の臨床的研究

第1章　つかむ―つかまれる関係性――事例A――…………24
第1節　事例の概要　24
第2節　母子画の分析　25
第3節　心理療法との照合――20回の面接経過から　29

第2章　顔だけの母子画——事例B——……………………32
- 第1節　事例の概要　32
- 第2節　母子画の分析　32
- 第3節　心理療法との照合——13回の面接経過から　36
- 第4節　ロールシャッハ・テストとの照合　38

第3章　心理療法による母子画の変化——事例C——……………42
- 第1節　事例の概要　42
- 第2節　母子画の分析（1回目）　43
- 第3節　心理療法の経過と2回目の母子画　45

第Ⅲ部　母子画の基礎的研究

第1章　母子画の基礎的分析 ……………………………50
- 第1節　母子画の収集と分析　50
- 第2節　母子画の描画パターンと母子画得点　68
- 第3節　母子画の信頼性　81

第2章　母子画と心理検査 ………………………………84
- 第1節　心理検査　84
- 第2節　母子画と心理検査　89

第3章　母子画の解釈仮説 ……………………………108
- 第1節　描画指標の解釈　108
- 第2節　標準タイプ・準標準タイプ・非標準タイプの解釈　113
- 第3節　描画パターンの解釈　114
- 第4節　母子画得点の解釈　122
- 第5節　母子画解釈の手順——母子画記録票の利用　122

第4章　精神障害者・非行少年の母子画——解釈仮説の妥当性—— …127
　　第1節　精神障害者の母子画　127
　　第2節　非行少年の母子画　137

第5章　考察——心理検査としての母子画の意義—— …146
　　第1節　母子画の基礎的分析　146
　　第2節　母子画と心理検査　150
　　第3節　母子画の解釈仮説　152
　　第4節　精神障害者と非行少年の母子画特徴——解釈仮説の妥当性
　　　　　　155
　　第5節　まとめ　157

引用・参考文献　159
付表　167

〔筆者注記〕
1．「投映」
　本書では，広く心の中が外に映し出されるという意味では「投映」を用い，防衛機制の意味で用いる場合は「投影」とした。
2．「被検者」
　これまで実験を受けるものに対して「被験者」，検査を受けるものに対して「被検者」という呼称が使われてきた。ここ数年，「被験者」（subject）という呼称は，「実験参加者」（participant）へと変更する流れになっているが，本書では心理検査を受ける者（testee）という意味で「被検者」を使用することとした。
3．「母親」
　本書で理論的に述べる「母親」は，重要な他者の代表としての母親という意味で使用する。

第Ⅰ部
文献研究

■ ■ ■

　母子画は人物像を主題とすることから人物画テストの変法とみなされる。よって第1章では人物画テストの歴史について振り返る。また，1990年から2000年の間に「日本芸術療法学会誌」と「臨床描画研究」に掲載された論文，および2000年から2001年に発表された描画関連の論文を収集し，最近の描画研究の動向について概観する。
　第2章では，描画の主観性と客観性を取り上げる。描画テストは投映法検査の中でも最も構造化の程度が低い検査である。そのため客観的・数量的な研究が難しく，主観的であるという批判が少なくない。描画テストの主観的評価はどのように利用されるべきか，また描画テストにおける客観性とは何かについて，従来の研究者の意見を整理しながら筆者の意見を述べたい。
　第3章では，母子画の理論的背景や The Projective Use of Mother-and-Child Drawings に掲載されたGillespie（1994）の研究，および母子画の実施法と解釈の姿勢について紹介する。

第1章

描画テストの歴史と最近の動向

第1節 描画テストの歴史

描画による表現は言葉が発達する以前から可能である。そのため，描画テストは言葉が十分に発達していない児童の研究手段として利用されてきた。本節では人物画テストとその変法である家族画テストの歴史について概説する。

1 人物画テスト

19世紀の終わり頃から，児童の発達と描画の変化には一定の関係があることは知られていたが，それについて最初に体系的・組織研究を行ったのはGoodenough（1926）であった。子どもの発達に従って描画が変化するということに注目したGoodenoughは，目や鼻など身体諸部分にあらかじめ得点を与え，描かれた人物像の得点から知能を測定する方法（Draw-A-Man test：DAM）を発表した。DAMは知能検査として広く世界で利用され，その後Harris（1963）がスコアリングシステムを改訂して，Goodenough-Harris Drawing Testとして発表した。

一方，Machover（1949）は「人間の創造的活動はすべて，描画者個人を浮き彫りにするような葛藤や要求の特殊な兆候を包括していると仮定してもよかろう」（深田訳，1974，p.12）と述べて，人物画テストを性格検査（Draw-A-Person test：DAP）として利用した。Machoverは精神分析的理論に基づい

た解釈仮説を提示し,「仮定のいくつかについては実験的根拠を欠いているが,でもそれらが臨床的に妥当なことは証明されている」(前掲書, p. 40) と述べている。

　当時の心理学者の間では,人物画テストを「知能測定・精神的成熟をみる発達検査」とみなすか,「無意識の欲求や葛藤を分析する性格検査」とみなすかのどちらかの立場をとる傾向にあった。しかしKoppitz (1968) は,一方を無視して1つの方法だけに集中することは好ましくないと指摘した。たとえば,5歳の児童の場合,人物像の足の省略はよくあることで,発達的にも性格的にも大きな問題はない。しかし児童が10歳ならば,足を描くことは当然のことであって,足の欠如は未成熟か情緒的問題を示唆し,臨床的に重要な意味を持つことになる。Koppitzは,児童の描画では発達的指標と情緒的指標の相互関係を考慮にいれて解釈すべきであると主張して組織的な調査を行った。Koppitzの人物画テストはHuman Figure Drawing (HFD) として,多くの研究がなされている。

　DAPの変法の1つとして「雨の中の1人の人間を描きなさい」と教示するDraw-A-Person-In-The-Rainがある。Oster & Gould (1987) によれば,Draw-A-Person-In-The-Rainの創始者はAbramあるいはAmchinであるといわれ,Hammerが体系づけた。このテストでは,環境的ストレッサーのシンボルとしての雨に対して被検者がどのような防衛姿勢を持っているのかを解釈するが,Oster & Gouldはこのテストが自我の強さなどの診断に役立つ検査であると紹介している。わが国では,浜松医科大学精神神経科グループが「雨中人物画」として病院臨床に導入している (澤柳・石川・川口・大原, 1989)。澤柳らの方法では,ストレスを受ける主体が自己であることを明確にするため「雨の中の私を描きなさい」と教示しており,わが国ではこちらの教示が定着している。

2　家族画テスト

　家族画テストは人物画テスト (DAP) から発展したもので,最初に提案したのはAppel (1930) である。後にHulse (1951) が情緒障害の評価には人物像を部分的に採点するよりも,被検者を含めた集団としての人物画,つまり家

族画が適切であると主張してFamily-Drawing-Test（FDT）を完成させた。FDTは日本では「あなたの家族」画テストとも呼ばれて，「あなたの家族の絵を描いて下さい」という教示で実施されている。石川（1986）は，Hulseと同時期に発表されたPorotの家族画テストを比較し，Hulseが子どもの家族画から彼を取りまく現実の家族関係を読み取ろうとしているのに対し，Porotは子どもの家族画が（現実ではなく）あくまでも子ども自身の家族イメージであると考えていたと述べている。その他にも「ある家族を描いて下さい」と教示するDrawing-A-Family（DAF）もあり，FDTに比べて現実に縛られない家族イメージが得られるといわれている（Shearn & Russell, 1969）。

　FDTやDAFが記念写真的で相互作用のないものが多かったという経験から，Burns & Kaufman（1972）は描画に運動を加えることを思いついた。運動が加わることにより情報量が増加し，意義ある知見を得られると考えたのである。これが「あなたを含めて，あなたの家族のみんなについて，何かしているところを絵に描いて下さい」と教示するKinetic-Family-Drawing（KFD）である。彼らは主として精神分析的な視点から解釈を行いながら，アクションや位置・距離などの項目からなる客観的なスコアリングシステムも発展させた。KFDでは家族の力動と問題の相互関係が理解できるといわれている。

　さらにProut & Phillips（1974）は学校状況における子どもの対人関係を探るため，「学校の絵を描いて下さい。その時に自分と自分の先生と友達を1人ないし2人，その絵にいれて描いて下さい。何かやっているところで，しかも人物全体を描いて下さい」と教示するKinetic-School-Drawing（KSD）を考案した。Knoff & Prout（1985）はKFDとKSDを同時に施行する方法を動的描画システムと呼び，子どもの対人関係を多面的に捉えようと試みている。

　KFDの変法には，「5歳の時のあなた自身と家族がそれぞれ何かしているように絵を描きなさい」と教示するRetarded-Kinetic-Family-Drawing（Furth, 1988）がある。同様のものとして，わが国では小栗（1995）が回想動的家族画を発表している。小栗の回想動的家族画は，成人受刑者の生育過程における家族イメージの理解が目的であったため，検査者が知りたいと思う年代を指定して作品を描かせる方法がとられている。

　わが国のFDT研究は，深田（1958），川端（1961）の児童を対象とした研究

が最も早い。その後は日比（1974）がKFDを紹介し，自我同一性の発達的推移などがKFDに投映されると報告している。

第2節　最近の動向

　松本（1999）は，『芸術療法誌』『臨床描画研究』『心理臨床学研究』『児童青年精神医学とその近接領域』などの関連雑誌を対象として，「子ども」「描画療法」をキーワードに文献展望を行った。その結果，松本は，日本では1980年代から描画に関する論文が増加し，対象は不登校児が多く発達障害児は非常に少ないこと，家族を対象としたものは1980年代に集中し，スクイグル技法を中心とした相互法に関する論文が1990年代に急増していること，研究法は圧倒的に単一症例論文が多く方法論に問題があると指摘した。

　今回，筆者は対象を大人にも広げ，わが国における描画法の現状を検討した。文献展望は以下の方法で行った。まず，描画の二大研究誌である『日本芸術療法学会誌』と『臨床描画研究』を取り上げ，1990年から2000年の間に両研究誌に掲載された全論文の論題から論文の種類を分類した。次に，国立国会図書館雑誌記事索引のデータベースを用いて，「描画」「人物画」「家族画」を検索語として，2000年から2001年に発表された論文の文献検索を行った。さらに同時期に『心理臨床学研究』『精神医学』に掲載された論文のうち，描画に関連した論文をピックアップした。

　その結果，『日本芸術療法学会誌』に掲載された原著論文，症例研究，研究資料は155編であり，そのうち描画に関連した論文は53編であった。内訳は絵画療法に関するものが12編（22.6％），誘発線法に関するものが11編（20.8％），交互色彩分割法，風景構成法に関するものがそれぞれ3編（5.7％）であった。その他，三点描画法や漫画療法，集団式町作り画法，心のイメージ描画法といった新しい試みの報告がみられた。

　『臨床描画研究』に掲載された研究論文，資料，事例報告は36編であった。内訳は絵画療法に関するものが5編（13.9％），統合型HTP法に関するものが3編（8.3％），バウムテスト，なぐりがき法，雨中人物画に関するものがそれぞれ2編（5.6％）であった。表1-1は1990年から2000年の『臨床描画研究』

第Ⅰ部　文献研究

表 1-1　『臨床描画研究』の特集

	特　集		特　集
1990年（5号）	イメージと臨床	1996年（11号）	描画の読み方・使い方
1991年（6号）	シンボルと臨床	1997年（12号）	臨床における写真の利用
1992年（7号）	描画における自己像	1998年（13号）	学習障害と描画
1993年（8号）	スクイグル技法	1999年（14号）	子どもの描画：その発達と臨床
1994年（9号）	バウムテスト	2000年（15号）	学校臨床と描画
1995年（10号）	変法家族画		

　の特集を一覧にして示したもので，1998年からは子どもを対象とした特集が続いている。

　2000年と2001年を対象にした国立国会図書館雑誌記事索引では，「描画」の検索語で47の論文が検索された。これらの論文のうち16編は2000年に刊行された『現代のエスプリ—心の病の治療と描画法』に掲載されたもので，描画法の理論や統合型HTP法，風景構成法，誘発線画法，バウムテスト，動物家族画法などを用いた事例が報告されている。47編のうち，描画法の概論・紹介が13編（27.7％），子どもを対象とした研究が23編（48.9％），中学生・高校生を対象としたものが4編（8.5％），大学以上を対象としたものが7編（14.9％）であった。子どもを対象とした研究では，「子どもの描画における奥行き表現」（平井・田口，2001）に代表される子どもの描画能力の発達に関するものが12編（52.2％），「描画テストに表れた子どもの攻撃性」（三沢，2000）といった性格と描画の関係について報告したものが11編（47.8％）であった。中学生以上を対象とした研究では，心身症・統合失調症事例の検討やテスト研究が含まれていた。「人物画」「家族画」の検索語で対象となった7件の論文すべてが子どもを対象としたものであった。

　2000年から2001年にかけて『心理臨床学研究』と『精神医学』に掲載された描画にかかわる研究を表1-2，表1-3に示す。単行本では，2000年にリーネル・杉浦・鈴木による『星と波テスト入門』が出版され，2001年には松下・石川によってGillespie（1994）の*The Projective Use of Mother-and-Child Drawings*が翻訳された。

　1990年以降の研究は，全体的に子どもを対象とした研究が多く，1998年から2000年の『臨床描画研究』の特集は子どもの描画であった。このことは，

表1-2 『心理臨床学研究』に掲載された描画関係の論文（2000年～2001年）

論　題
「色塗り法の研究」（貞木・長屋・黒田・下田，2000）
「描画グループワークによる心的外傷への治療的関わり―阪神・淡路大震災後の小学校における実践から」（森・白川・鈴木・利根川・戸田・宮本・森地・久松，2000）
「知的障害をもつ自閉症者のバウムテスト」（原・中西，2000）
「通り魔殺人事件が児童に及ぼした影響」（一丸・倉永・森田・鈴木，2001）
「なぐり描き（Mess Painting）法が個人に及ぼす退行促進作用およびそのプロセスについて」（伊藤，2001）

表1-3 『精神医学』に掲載された描画関係の論文（2000年～2001年）

論　題
「時計描画テスト」（北林・上田・成本・中村・北・福井，2001）
「日常診療のための簡易精神機能テスト（第3報）分裂病者のバウムテスト」（臺・斎藤・三宅，2001）

学校臨床における描画テストへの期待を示している。さらに最近の特徴は，阪神・淡路大震災（森・白川・鈴木・利根川・戸田・宮本・森地・久松，2000）や通り魔殺人（一丸・倉永・森田・鈴木，2001）といった心的外傷体験，被虐待体験を理解するために描画を用いた研究（中農・前田・富田・藤田・富田・山本・金澤・西澤・小林，2000）が現れたことである。単行本でも2001年に津波古・安宅によって Children in Distress : A Guide for Screening Children's Art (Peterson & Hardin, 1997) が翻訳されている。海外では性的虐待を受けた児童の描画研究が1980年代から行われており，わが国でもようやく研究が始まったといえよう。児童虐待は日本でも大きな問題であり，描画によるスクリーニングが実施されれば，児童虐待の早期発見につながるだろう。

　一方で，描画テストを脳の機能や認知機能の評価法として利用する試みも行われている（北林・上田・成本・中村・北・福井，2001；臺・斎藤・三宅，2001）。海外では時計描画テストの研究が多数発表されており，人物画を痴呆のスクリーニングに利用する試み（Wang, Ericsson, Winblad & Fratiglini, 1998）も報告されている。描画の簡便さや表象機能が従来の人格診断の範囲を超えた利用につながり，知能検査としての描画も新たな局面を迎えている。

　本章では，1990年以降に発表された描画研究について文献展望を行った。わが国での描画研究は1950年代から広まり，時代に合わせた変化を遂げてき

た。1990年代の日本の描画研究は芸術療法としての描画が多く，描画の持つ個別性や治療的な意味が重視される傾向にあると思われる。一方心理検査としての描画は，従来の方法を拡大し，検査者の目的に合わせた方法を開発・研究するものが多かった。しかし，従来の方法を拡大した変法が定着するためには十分な基礎的研究が必要である。21世紀に入り，スクールカウンセラー事業も全公立中学校への配置に向けて展開されている。医療機関や学校だけでなく，あらゆる場面で心の問題が取りざたされる現在，特別な道具を必要とせず，日常的なかかわりの中で実施できる描画テストへの期待は大きい。

第2章

描画の主観性と客観性

第1節　投映法における描画テストの位置付け

　投映法の特徴についてKorchin（1976）は「人が独自の仕方で反応できるように，自由度を最大限にしてある点にある」（村瀬監訳，1980，p. 315）と述べている。つまり，投映法は比較的曖昧な状況や刺激に対して被検者がどのように意味付けるかを知ることにより，被検者の人格を推測しようとする方法である。ただし，どのような刺激をいかに与えるかによって得られる情報は異なるため，検査者が被検者の何をアセスメントしたいのかによって適切な方法を選択しなければならない。
　Korchin（1976）は，投映法の分類についてLindzeyの分類を紹介しており，与える課題のタイプから次の5つに分類されると述べている。
　①連想法：言語刺激，視覚刺激，聴覚刺激によって何が浮かんでくるかを問う。（例：ロールシャッハ・テスト）
　②構成法：テスト素材が提供する枠組みに則ってあれこれ想像させる。（例：TAT）
　③完成法：被検者に文章や物語を完成させる。（例：文章完成法）
　④選択法ないし配列法：与えられた素材を選択したり，選択した順に並べさせる。（例：ゾンディ・テスト）
　⑤表現法：テスト刺激は用いずに，被検者に芸術的ないし創造的なものを作

らせる。(例:人物描画法)

①から④の場合,被検者は提示された何らかの刺激に対して反応を求められる。⑤の表現法では刺激は用いられず,被検者はまさに白紙から反応を構成しなければならない。また,①から③では被検者に言語的な反応を求めるのに対し,④⑤は非言語的な反応を求める方法である。これは表現法,つまり描画テストが投映法の中でも非常に自由度の高い方法であり,言語による意識的なコントロールが働きにくいことを示している。

また,岩井(1981)が指摘するように,言語が情緒の動きや知覚したものを概念化して表現するためには複雑なメカニズムを必要とする。しかし,描画はそのような複雑なメカニズム以前に,手の動きとして表現される。概念化される途中で抜け落ちてしまったその人の情緒的なニュアンス,その人らしさといったものが,描画にはそのままに表現されると考えられる。つまり,描画テストには被検者が言語化できない,あるいは言語として表現することの困難な心的内容が,微妙なニュアンスとして表現される可能性がある。言語による意識的なコントロールが働きにくいこと,また微妙なニュアンスが表現されること,これらの点が描画テストの大きな特徴である。

第2節 描画テストの主観性と客観性

1 描画テストの主観性

描画テストには「結果が1つのまとまった形(Gestalt form)として与えられる」(三上,1995,p. 240)という特徴がある。被検者によって描かれた絵はタッチや大きさ,陰影,人物画であればその表情などがあいまって1つの全体的な印象を醸しだす。そしてこの全体的な印象には,被検者に関する豊富な情報が含まれている(Di Leo, 1983;Furth, 1988;Leibowitz, 1999;高橋,1975)。

図1-1はある青年が「私の家族」というテーマで描いた家族画である。筆者には強い陰影の中で壁に寄りかかる人物がまるで死んでいるかのように感じられた。彼がそのように説明したわけではなく,筆者がこの絵の全体的な印象から主観的に理解したものである。心理アセスメントにおいて"彼の心的世界は

何の彩りもない虚無の世界・死の世界であったのではないか"という視点を加えたことにより，不可解であった彼の問題行動の背景を理解することができた。そして全体的な印象（主観的な評価）を排除した客観的・数量的なアプローチでは，彼の深い絶望を十分に理解できなかったのではないだろうか。彼は心のどこかで深い絶望を感じ，イメージとしてそれを検査者に伝えた。彼の絶望は言語化・意識化されたものではないが，無意識的には「相手に伝えたい」「わかってほしい」という気持ちがあったからこそ，彼の感情がイメージとして描画に表現されたと思われる。検査者もまた非言語的なレベルで彼の

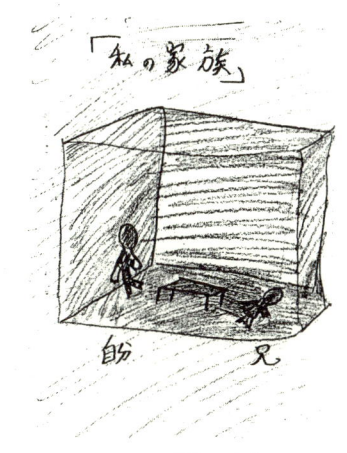

図1-1 「私の家族」

表現を受け止め，彼が言葉で表現する以上のことを描画から体験的に理解したのである。これがグラフィック・コミュニケーション（高橋, 1984）であり，他の心理検査とは異なる描画テストの重要な側面である。

　ユング派分析家のFurth（1988）は，描画解釈におけるアプローチとして「常に絵の第一印象に注意を払うこと」を第一原則とした。Furthはその絵からどんな感じが伝わってくるかを重視し，絵を解釈するのではなく，むしろ自分が最初に抱いた感じに集中するべきであると強調した。Leibowitz（1999）の提唱した印象分析では"この人はかわいらしい"などの直感的で感情的な反応から"バランスが取れている"という知的な反応，あるいはメタファーの形で得られる印象にも注目する。そしてLeibowitzは，"私だったらこの家（木，人，動物）は好きだろうか"という検査者側の私的な反応にも考慮すべきだと主張する。また，患者が絵を描きながらどのような体験をしたかを患者の身になって考え，その「感覚」を捉えるような形容詞や文章，メタファーで記録することを推奨している。

　被検者の描画と検査者の関係は図1-2のように整理される。まず，被検者は絵の中に自分の心的世界を投影する。そして，被検者によって描かれた絵は1つの視覚刺激となって検査者に作用する。描画の非言語的なメッセージにより

第Ⅰ部　文献研究

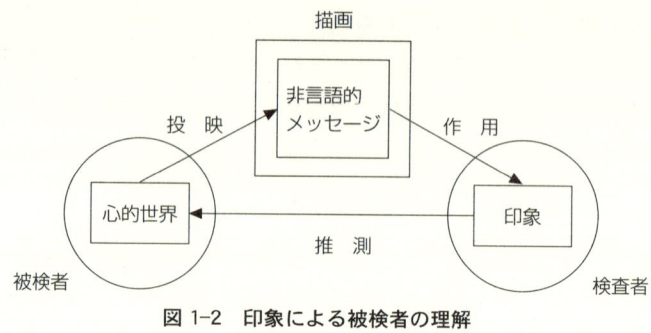

図 1-2　印象による被検者の理解

　何らかの印象や感情が生じた検査者は，それを手がかりに被検者の心的世界を推測するのである。
　ここでは客観性の問題をいったん不問とし，検査者の抱いた印象について"この感じは描き手こそが感じているのではないか"という視点から描画を検討する。これは精神分析の逆転移の概念を描画に応用したものである。逆転移とは，精神分析的関係において治療者の心に沸き上がってくる感情や思考のすべてを指す。かつては治療者の無意識の転移のみが逆転移として扱われていたが，近年では患者からのコミュニケーションに連動した治療者の健康で正常な反応として生じた感情や，患者から治療者に投影／排出されたことにより治療者が味わう感情も逆転移の概念に含まれるようになった（松木，1996b；西園，1998）。逆転移の技法ではまず治療者が味わう感情は患者が感じているものだと仮定する。そして，治療者自身の感情を吟味することによって患者を理解しようとするのである。この逆転移の概念を描画に応用し，印象分析は描画から受ける検査者の感じを被検者理解の手がかりとして利用するのである。
　印象分析による直観的な理解は描画解釈の初心者にも可能な方法であるが，同時に難点もある。それは検査者のコンプレックスが描画の解釈に影響を与えることがあるということである（Furth，1988；Korchin，1976）。Furth（1988）は「治療者は患者の無意識が発した象徴的な言葉を利用すれば有効な援助が行えるが，まずその前に，治療者自身の無意識の押し入れを開け，その中身になじんでおかないといけない」（角野・老松訳，2001，p. 113）と指摘して注意を促している。描画を解釈するためには検査者が自分自身の無意識を

探索し，十分に理解しておくことが前提となる。

2 描画テストの客観性

　前述したように，描画テストでは全体的印象を含めた解釈が行われる。この特徴が描画テストの客観的・数量的研究を困難にしており，体系化された解釈の基盤を作り難くしている。また，描画テストの多くが精神分析理論を根拠にしていることも客観的な研究を困難にしている。しかし心理検査として描画を利用するにあたっては，客観的なアプローチが必要なことは言うまでもない。

　客観的・数量的研究の第一歩は，描画に何らかの指標を定めて基礎資料を収集すること，その資料から一般的な傾向を確認することである。島（1999）は心理検査の意義の1つとして「平均的姿から偏位しているという情報」を挙げている。基礎的資料の収集はこの意義に貢献するものである。動的家族画では日比（1986），HTP法ではBuck（1948）や高橋（1974）の著書に示された数量的研究がこれにあたる。また，バウムテストを客観的に評価するためのチェックリスト（石関・中村・田副，1988）や，動的家族画のスコアリングシステム（O'Breien & Patton, 1974；Myers, 1978）なども開発されている。

　一方描画テストの妥当性の研究は，主に事例研究に頼っているのが現状である。人物画テストの歴史でも述べたが，Machoverの解釈仮説は臨床的な妥当性が認められたとするものの，統計的には支持されていない。また臨床場面で用いられることの多いGrünwaldの空間図式（Koch, 1952）も統計的に検証されたものではない。事例研究における描画テストの解釈はさまざまな指標を総合的に判断したものであり，臨床像との一致・不一致を検討することが可能である。ところが，数量的研究では描画指標を個別に取り出して研究することが多いため，全体として意味をなす描画テストの妥当性を明らかにすることが難しい。

　描画テストの発展には客観的な研究が急務である。しかし，河合（1999）が心理検査のジレンマについて「極端にハードな科学性が要求されて，心理検査のほとんどは妥当性を疑われるかもしれない。（中略）……と言って，心理療法家やカウンセラーが心理検査から離れてしまうのは，大変危険なことである」と指摘するように，客観性を追求するあまり描画の全体性を無視すれば，

描画テストの重要な特徴を損なうことにもなりかねない。このような描画テストの特徴を考慮した客観的・数量的研究が望まれる。

③ 主観的解釈と客観的解釈の統合

ここまで描画における主観性と客観性について述べてきた。しかし当然のことながら，主観的評価と客観的評価は相互補完的に用いられる（Di Leo, 1983；Furth, 1988；日比, 1994；Leibowitz, 1999；三上, 1995；高橋, 1974）。たとえば，Leibowitz（1999）は「最初の印象は被験者の主観的世界への探求の始まりである。そしてその印象は，次の構造分析を通して収集された個々の解釈的要素を意味ある全体に結びつけるのに役立てられる」（菊池・溝口訳, 2002, p. 11）と述べている。

投映法の代表的検査であるロールシャッハ・テストには，形式分析と継起分析がある。形式分析では数量的指標に基づいた客観的な解釈が可能であり，継起分析では精神力動的理解に基づく解釈が行われる。継起分析の妥当性は数量的に立証できるものではないが，多くの研究者によって臨床的有用性が示されている。描画テストにおいても，客観的指標に基づく数量的なアプローチと，精神力動的な解釈，そして描画に表現された被検者の心的世界を検査者がともに体験しようとする試みが総合的に行われてこそ，被検者を理解できると思われる。

主観性と客観性の問題は，Koppitz（1968）が人物画の解釈において発達的側面と情緒的側面を統合したように，どちらかに極端に偏らないようにしながら包括的に捉えるべき問題である。描画の発達的な推移や，ある兆候の出現率を知ることは被検者の理解に不可欠であり，妥当性がなければ心理検査とは言えない。しかし客観的・数量的指標を重視するあまり，全体として意味をなすという描画の特徴を無視すれば，描画の解釈は表面的なものになるだろう。さらに，どのような状況で，いつ，誰が検査を実施したかによっても，描画が変化することにも留意しなければならない（Korchin, 1976）。

筆者は描画の主観的解釈と客観的解釈について，以下のような態度が望ましいと考えている。主観的な側面において，検査者がその描画から受ける印象を味わい，被検者の世界を追体験することによって理解を深める。被検者の世界

を理解するためには，精神力動的な象徴を利用することも役に立つ。客観的な側面では，被検者の描画が全体の中でどのような位置付けにあるのかを理解する。つまりその描画が標準的で一般的なものであるのか，特殊な出現率の低い描画であるのかを理解することが必要である。また検査状況の情報や，得られた描画と生活歴・現病歴との照合も重要である。これらを総合した主観と客観のバランスがとれた解釈が被検者の妥当かつ豊かな理解につながる。

　描画テストの最大の特徴は，検査者が被検者の心的世界を非言語的イメージとして体験できる点にある。同時に，描画テストだけで被検者のすべてが理解できるわけではない。描画は手がかりであり，そこから得られた仮説は修正されうるものだという検査者の慎重な姿勢が必要である。得られた仮説がどの程度の可能性を持つものなのか，検査者には主観的評価と客観的評価を行きつ戻りつしながら総合的に判断する態度が求められる。

第3章

母子画

　母子画はアメリカの臨床心理学者Gillespie（1989）によって*Object Relations as Observed in Projective Mother-and-Child Drawings*として発表され、1994年に*The Projective Use of Mother-and-Child Drawings*が刊行された。本章では母子画の理論的背景やGillespie（1994）の研究について紹介する。

第1節　母子画の理論的背景

1　母子画と対象関係論

　母子画は投映法であり、投映法には「人間の創造活動はすべて、描画者個人を浮き彫りにするような葛藤や要求の特殊な徴候を包括している」（Machover, 1949／深田訳, 1974, p. 12）、「曖昧な状況下で、比較的可塑性のある素材に接した時、被検者はそれらに対して、自らの体制と意味付けをあてはめる」（Korchin, 1976／村瀬監訳, 1980, p. 315）という投映仮説がある。よって、母子画には個人を浮き彫りにするような徴候が含まれ、描かれた母子像には被検者があてはめた意味付けが含まれていると考えられる。

　さらに、母子画は対象関係論を理論的背景としている。対象関係論とはKlein, M.（1921）によって展開された精神分析の流れの1つで、松木（1996a）は「人の心の中には三次元的な内的世界がある。ここに自己と対象が交流しているし、この内界の自己と対象の関係が投影されて現実世界での対人関係が形づくられている。このような自己と対象が住む内的世界という理論モデル」

(p. iv) であると要約している。母子画ではこのような理論に基づき，母親像と子ども像が内的世界の自己と対象を表象し，母親像と子ども像の交流が自己と対象の交流を象徴する，そしてそれが投映されたものが現実の対人関係であると考える。母子画は表現された母親像と子ども像の関係，つまり被検者の心の中に住む母親と子どもの関係を読み取ることにより，被検者の対象関係を理解するのである。

　従来の描画テストの解釈には，精神分析理論に基づく象徴解釈が用いられていたものの，それ以上の理論的結びつきはみられなかった。対象関係論という理論的枠組みを明確にした母子画は意欲的なものであり，Leibowitz（1999）はGillespieの研究を理論的構成概念が体系的に組み込まれた唯一の描画法として評価している。

2 描画テストにおける母子画の位置付け

　描画テストでは，何を表現させるか（絵の主題）によって投映される人格的側面が異なる。「1人の人間を描いて下さい」と教示する人物画テストは主に自己像が投映され，「あなたを含めてあなたの家族みんなの絵を描いて下さい」と教示する家族画テストからは，家族に対する社会的な認知や家族内力動が読み取れると考えられている。では「お母さんと子どもを描いて下さい」と教示する母子画は描画テストの中でどのように位置付けられるだろうか。図1-3はそれぞれの描画テストが含む人物像の数を図示したものである。人物画では1

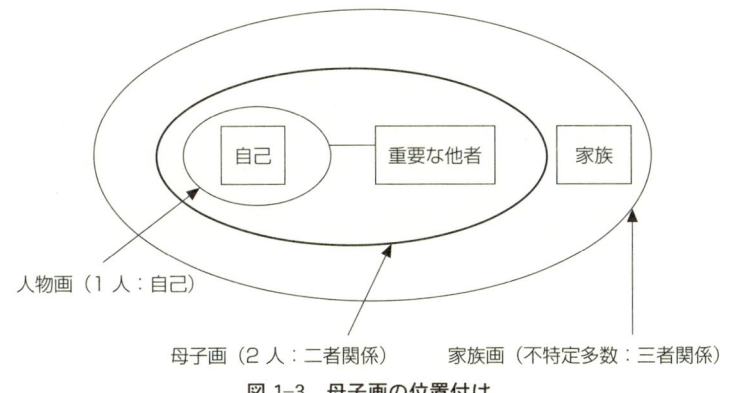

図 1-3　母子画の位置付け

人，家族画では家族成員（不特定多数）が描かれる。一方，母子画では基本的に母親と1人の子ども，つまり2人の人物像が描かれる。この点では母子画は人物画と家族画の間に位置する。

　また，母子画の理論的背景である対象関係論では，二者関係が個人の対象関係の原点とみなす。そのため家族内力動（三者関係）よりも二者関係の様相を理解することに重点が置かれる。二者関係に注目する描画テストは今までになかったものであり，母子画独自の視点である。

第2節　母子画の研究

1 Gillespieの母子画研究

　Gillespie（1994）は，健常な幼児から成人（6歳～71歳）の母子画を収集してそれぞれの描画特徴を記述している。ここではその研究結果を紹介する。

　Gillespieは少年と少女が若干異なる発達過程をたどるだろうという推測から，母子画の母親像と子ども像のサイズに注目した研究を行っている。被検者は児童群（6歳～9歳；52名），思春期前期群（10歳～12歳；43名），思春期群（15歳～18歳；47名），成人群（19歳以上；40名）であり，それぞれの母親像と子ども像のサイズ（高さ）をミリ単位で測定して性差を検討した。

　その結果，児童群では母親像と子ども像のサイズに性差はみられず，思春期前期群の男子は両像のサイズが急激に落ちるが，女子では児童群のサイズとほとんど変わらなかった。思春期群では，女子の母親像と子ども像のサイズが小さくなるのに対して，男子では児童群のサイズに近くなり，成人群になるとその傾向が一段と強まった（図1-4，図1-5参照）。

　Gillespieは思春期前期群の男子のサイズが小さいことに関して，規則や自己コントロールの学習といった行動規制が影響しているのかもしれないと述べている。思春期前期の男子の行動規制は伝統的なものであり，文化的に適応していることを示すものである。行動規制は男子により深刻な影響を与え，同じ年代の女子にはそれほどの影響がないようである。Gillespieは一般的な男女の自己概念の発達が母子画からも推測することができたと報告している。

　児童から成人へと発達するにつれて母親像のサイズが大きくなったという結

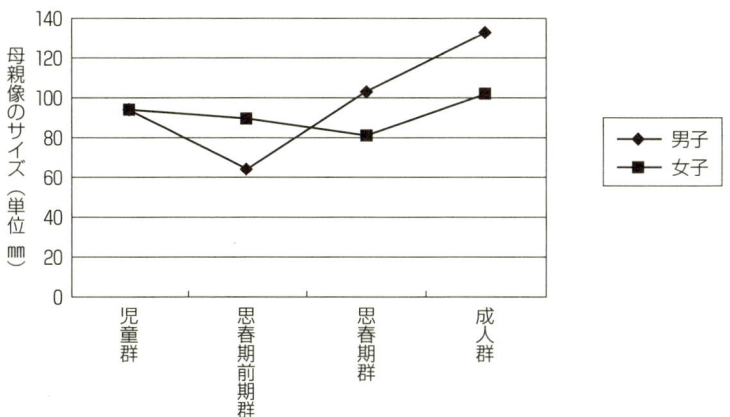

図 1-4　**母親像のサイズの推移**（Gillespie, 1994 をもとに作成）

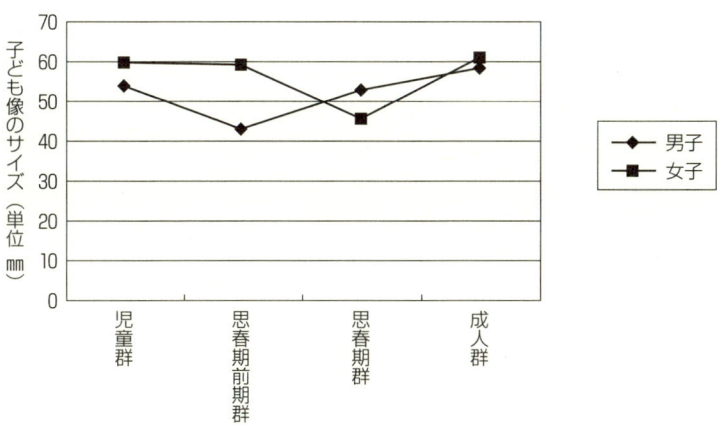

図 1-5　**子ども像のサイズの推移**（Gillespie, 1994 をもとに作成）

果から，Gillespieは母親像が成熟した自我を表しているという仮説を立てた。さらに子ども像のサイズも母親像と並行して大きくなっているが，子ども像は性別や年齢による影響を受けていないことから，子ども像がinner child，つまり過去の時代に傷ついた子どもの心（Bradshaw, 1990）を表しているという仮説を提示した。

またGillespie（1994）はこの研究とは別に，児童期や思春期前期の母子画の特徴について説明している。それによると，児童期の母子画は，母親像と子ど

も像がきわめて似通った姿で，横並びに，手が触れるように描かれることが多い。これは早期の母子の一体感，あるいは共生のなごりだと考えられる。子どもが母親とは別の個人としてのアイデンティティを確立していく様子は，母子画では子ども像と母親像がしだいに違ってくるという形で表れ，たとえば母親像は子ども像よりも大きく描かれるなどの違いとして表現される。

　思春期前期では，少しずつ芽生えてくる性的な関心や不安が母子画の内容にも反映される。思春期になると，女子では母親への依存と独立のテーマがみられ，この時期の男子にとって母子画は困難な課題となる。女子は母親に容易に同一化できるが，この時期の少年は母親に同一化することもできず，かといって自分を子どもだとみなすことにも抵抗が生じるからだとGillespieは考えている。この傾向は成人になっても続き，成人男子は擬人化や簡略化された母子像を描くことで抵抗を示す場合があると述べている。

　以上，Gillespieの研究を紹介した。母親像が成熟した自我を表し，子ども像がinner childを表すというGillespieの仮説は興味深い。しかしながら，Gillespieが *The Projective Use of Mother-and-Child Drawings* で示した数量的な資料は母子像のサイズだけであった。Gillespieは母子画に投映されるものが母親像と子ども像の関係性，あるいは関係性の欠如であると述べているが，関係性の欠如した母子画の出現率は明らかにしていない。第1章で述べたように，描画の解釈には主観的側面と客観的側面を統合した解釈が望まれるが，Gillespieの著書だけではそのような解釈は難しい。また，アメリカと日本という文化の違いも考慮されるべきであろう。母子画をわが国で利用するためには，まず日本での母子画の基礎的資料の収集と分析が必要であろう。

2 わが国の母子画研究

　母子画の研究はGillespieの論文と著書のみで，海外での研究論文はみあたらない。わが国でも母子画の研究は少なく，基礎的研究（馬場，1997，2001b，2003）や事例研究（馬場，2001a，2002），母性意識との関連を調査した研究（松下・石川，1999）が発表されているのみである。松下・石川によってGillespieの著書が翻訳・出版されたのは2001年12月のことであり，わが国での研究はまだ始まったばかりである。

わが国では，描画を用いて自己と他者の関係性を捉えようとした研究として「人物二人法」（安藤，1990）がある。人物二人法とは，まず2人の人物を描いてもらい，次に思い浮かぶ背景を自由に描いて絵画を完成させるというものである。安藤によれば，他者表現には自己と他者の役割関係が表現され，そこに個人に内在しているさまざまな人間関係の形を見ることができる。それと同時に，その人間関係の形はその個人の社会的起源をなしているものであるという。人物二人法は，Gillespieのように母子に限定しないで自己と他者の関係性に注目しようとした技法であるが，個人の起源としての人間関係を知ろうとする試みは，対象関係論からの接近ということができるかもしれない。

　一方，母子にまつわる描画研究には，やまだ（1988）の「私と母の関係」のイメージ画がある。やまだは母親との関係性を通して自分を見つめることを目的にして，「私と母の関係」のイメージ画を取り上げ，「包む母と入れ子の私」のようなさまざまな母子関係の構図を提示している。また，久保（2000）は自ら作成した親子状況刺激画を用いて愛着表象の研究を行っている。その他，北山（2000）は浮世絵の中の母子関係に注目し，同じ対象をともに眺める母子の姿には，言語的交流と非言語的な情緒的交流，あるいは身体的交流の並存がみられることを指摘している。

第3節　母子画の実施法

　母子画は，3Bの鉛筆と横向きにしたA4判の白紙（210㎜×297㎜）を渡して「お母さんと子どもの絵を描いて下さい」と教示する。被検者によってはまれに「誰のですか」「顔だけでもいいですか」などの質問があるが，検査者は何かを暗示するようなことは極力避けて，「お母さんと子どもの絵ということだけです。あとはあなたの思ったとおり，自由に描いて下さい」と答える。また，横向きに渡した用紙を縦向きに置き換える場合も，検査者は特に注意をしないでそのまま描かせる。

　Gillespie（1994）は教示以外の実施法について特に述べていない。しかし，筆者は母子画にどのような心的世界が投映されているのか，被検者自身は自分の描いた母子像をどのように捉えているのかを理解することを目的に，「あな

たの描いた子どもの性別は」「子どもは何歳くらいですか」「母親は何歳くらいですか」「親子は何をしているところですか」「子どもは何を考えていますか」「母親は何を考えていますか」「母親と子どものどちらに親しみを感じますか」の7項目について質問している。

第4節　母子画を解釈する視点

　Gillespie（1994）の著書をもとに，彼女が母子画を分析する際の姿勢を主観的側面と客観的側面からまとめてみたい。
　主観的側面に対するGillespieの姿勢は転移や逆転移に関する記述にみることができる。Gillespieは，逆転移の利用価値に触れてはいるものの，逆転移によって解釈が歪曲される危険性を強調している。Gillespieの立場は，描画を心理検査としてではなく臨床的面接の素材として利用しようというものである。Gillespieの著書からは，母子画から得られた情報をもとに患者と話し合い，患者を理解しようとする姿勢がうかがわれる。
　次に客観的な姿勢は，発達遅滞の事例の説明にみることができる。Gillespieはいくつかの発達遅滞の事例を提示して，それぞれの年齢の一般的な母子画の特徴と照合しながら検討している。Gillespieのように母子画を臨床的な面接の素材として利用するとしても，事例の特徴を明らかにするためには母子画の基礎的研究が必要であることには変わりはない。
　筆者は母子画においてもLeibowitz（1999）の提唱する印象分析が有用であると考えている。母子画の全体的な印象を吟味し，さらに描画の人物になったつもりで「この母親（子ども）と一緒にいたいだろうか」「もしも私がこの母親（子ども）だったら，どんな気持ちになるだろうか」のような連想を働かせることにより，解釈は具体的なものになる。このような検査者の積極的な印象分析が，被検者の心的世界をより身近なものとして理解することにつながる。ただし，印象に固執した偏った解釈になる危険性や，狭義の逆転移である可能性を自覚し，常に注意しなければならない。このような危険性を回避するためにも客観的・数量的分析は不可欠であり，印象分析と数量的分析を統合した解釈こそが被検者の理解につながると考えられる。

第II部
母子画の臨床的研究

■ ■ ■

　心理療法を始めるにあたり，患者の病態水準や人格特徴のアセスメントは必要不可欠である。なぜなら，病態水準によって心理療法過程で生じる現象は異なり，それに対する治療者の対応も異なるからである。精神力動的な心理療法では，治療者-患者の転移関係が把握できればそれを手がかりにして心理療法過程で生じる現象を予測し，治療者は適切な対応を準備することができる。

　本書の目的は母子画の臨床的有用性を確認すること，そして母子画を心理検査として確立することである。そこで第II部では，実際に母子画を用いて治療者-患者関係のアセスメントを行った事例を報告する。各事例は母子画の解釈，インテーク面接によるアセスメントと心理療法過程とを照合しながら母子画の臨床的可能性について検討する。

　第1章は母子画のみを実施した事例であり，第2章はロールシャッハ・テストとの照合を行った事例である。第3章では，2年半にわたる心理療法によって病状が改善された時期に再検査を行った事例である。

　母子画は印象分析と形式分析から解釈した。印象分析では母子画の全体的な印象を吟味し，さらにLeibowitz (1999) の印象分析を応用して，「この母親（子ども）と一緒にいたいだろうか」「もし私がこの母親（子ども）だったら，どのような気持ちになるだろうか」といった連想を働かせながら，母子画に投映された被検者の心的世界を理解した。形式分析では筆圧や描線，それぞれの人物像の特徴，母親像と子ども像の身体接触などについて，従来の描画法における解釈仮説や対象関係論の理論を参考にしながら解釈した。

　ここに示した事例は秘密保持のため，本質を損なわない程度に事実関係を変更している。同様に，母子画の一部には筆者が修正したものが含まれていることを付言しておく。

第1章

「つかむ―つかまれる」関係性
――事例A――

第1節　事例の概要

　事例は26歳の女性である。Aの母親は厳しい人で，Aは母親の顔色を見ながら育った。幼少時には抜毛があったらしいが，その頃の記憶は定かではない。思春期には拒食傾向がありかなり瘦せた。しかし母親は気にとめず，特に治療することもなく自然に回復した。短大を卒業したのち就職して恋愛結婚。夫と息子の3人家族である。出産後も仕事を続け，昇進への思い入れも強かった。受診の1年前から職場の人間関係に悩み，動悸などの身体症状が出現した。A自身の転勤によるストレスも重なり，「気分が落ち込み眠れない」状態となって医療機関を受診した。医師はうつ状態と診断して投薬治療を行っていたが，徐々にリストカットなどの行動化が激しくなった。そのため心理療法が導入されることになり，筆者が担当となった。
　心理療法のためのインテーク面接には流行の服装で来院した。面接では生育歴などの他に強迫行為があること，不安が強いことなどが語られた。「どうしてそうなるのか知りたい」という積極的な姿勢とは裏腹に，強迫行為の辛さが聴いている筆者には伝わってこなかった。

第2節　母子画の分析

　図2-1はAの母子画である。母子画はインテーク面接の最後に実施した。教示は「お母さんと子どもの絵を描いて下さい」とした。

　描画後の質問では，子ども像は「男の子」で年齢は「4歳」，母親像の年齢は「26歳，自分をイメージした」と答えた。母子の行為は「一緒に手をつないで歩いているところ」，母親像の考えていることは「買い物に一緒に行こうと考えている」，子ども像の考えていることは「それに連れられて行っている」であった。

図2-1　事例Aの母子画

1　印象分析

　筆者が最初に受けた印象は"このお母さんは急いでいる。子どもが引っ張られている"というものだった。すごい勢いで左に突進しているようなスピード感，もし筆者がこの親子のそばにいたら，後ろに下がって道を開けそうなある種の緊張感・迫力が感じられた。子どもは一緒に先を急いでいるのではなく，逆に踵で踏ん張っているようで，しかし力及ばずズルズルと引きずられているようにも見える。子どもは行きたくなくて抵抗しているのだろうか？　筆者がもしこの母親だったら，後ろからモタモタとついて来る子どもに対して「サッ

サとついて来い。イライラする!!」とでも言いたくなるかもしれない。もし，筆者がこの子どもだったら，「嫌！そんなに引っ張ったら痛い！」と腹立たしくも泣きそうな気分になるかもしれない。全体的にトゲトゲした印象を与える絵であり，優しさや暖かさが感じられず，仲のよい親子には見えない。

　身体からは動きが感じられるのに対し，顔の表情が省略されていることがちぐはぐな感じを与えている。母親の顔が身体から浮き上がっていることにも違和感を覚える。このふたりはどんな表情をしているのだろう？　母親は鬼のような形相でもしているようで，見るのが恐いような気がする。

　これは本当に母親だろうか？　身体には女性らしい丸みがなく，何か角張っている。父親だと言われても納得できるような風体である。

2　形式分析

(1) 描画指標からの解釈

　Aは迷うことなく短時間で描いた。筆圧は強く，描線に迷いはない。修正もまったくない。特に母親像では顔と身体，腕と手の描線がつながっておらず，非常に大雑把である。また母子像は画面中央より左に位置し，母親像の右手は左方向に伸びている。Aの心的エネルギーの高さがうかがえると同時に衝動的になりやすいことが予想された。

　母子画にみられた特徴を以下にまとめた。

　特徴①　空白の顔：Aの母子画の大きな特徴は，母子像の顔が空白で目や鼻が描かれていないことである。人物画テストでは，目鼻や口の省略が感情表現の困難な状態を示唆すると考えられていることから（高橋・高橋，1991），Aは自由な感情表現の阻害された状態にあると推察された。

　特徴②　母親像の容姿：母親像の容姿・服装も非常に特徴的である。高橋・高橋（1991）は人物画における性差の表現として「身体的な特徴」「衣服の特徴」「姿勢の特徴」を挙げている。Aの描いた母親像は女性らしさを示す身体的な特徴（髪型や体型）も衣服の特徴（スカートや所持品）もみられない。このことが筆者に"父親だと言われても納得できる"という印象をもたらした。Aには男性への同一視（女性性の拒否）といった性的同一性の問題が予測された。

　特徴③　耳の省略，単線の腕：子ども像の耳は母親側だけが省略され，腕も母親

側だけが単線で描かれている。高橋・高橋（1991）によれば、耳は外界の情報を受け取る器官であり、単線の腕は外界に働きかける能力の不適切感、ものごとを達成できなかった失敗感を示す。子ども像の母親側の部分にだけこのような特徴がみられたことは、この子どもに母親の言葉は聞きたくないという気持ちがあること、また母親への働きかけがうまくいかない感じがあることを意味していると思われた。

　特徴④　靴, 指：母親像と子ども像の靴の先が尖り、斧を連想させるような形は、Aの強い攻撃衝動をうかがわせる。特に子ども像のつま先は母親像に向けられ、母親への強い怒りが表現されているかのようである。一方で指はグローブ状であり、攻撃性を抑制しようとする努力を思わせる。これらのことから、現実の世界とスムーズにかかわることが難しい状態にあると読み取ることができる。抑制しようとしても滲み出る攻撃性が、筆者に"トゲトゲしい感じ"という印象を与えたのではないだろうか。

　特徴⑤　つかむ−つかまれる腕：Aの母子画は母親像と子ども像が手をつないでいる。Gillespie（1994）は身体接触が肯定的なコミュニケーションを象徴すると指摘しているが、印象分析でも述べたようにAの描いた身体接触は肯定的なコミュニケーションとは言い難い。当然のことではあるが、身体接触はその有無だけでなく、いかに接触しているかに注目して解釈しなければならない。その視点からこの母子像の身体接触をみると、「つかむ−つかまれる」「引っ張る−引きずられる」形の接触であり、母親像と子ども像の関係性は支配者−被支配者、強者−弱者の関係とみなされる。"仲のよい親子にはみえない"という印象は、検査者がこの関係性を感じたために生じたものだと思われる。

　Aが母親像について「自分をイメージした」と説明したことから、母子画に表現された関係性は現実のAと子どもの関係である。母親は自分が行くとなれば、子どもの歩くスピードや、子どもが乗り気かどうかにお構いなく引きずってでも連れて行く。この点から、Aには子ども（弱者）に対して有無を言わさず自己中心的に振る舞う対人関係のスタイルがあると推測される。

（2）描画後の質問からの解釈
　特徴①　連れられている子ども：Aは子ども像の考えていることとして、「（母の買い物に）連れられて行っている」と説明した。前述のように、母親像がA

の対人関係のスタイルを象徴していると同時に，子ども像もまたA自身であり，AとAの母親との関係を示していると考えられる。子ども，つまりAは「買い物に連れられている」ことしか考えることができない。そこには「何か買ってもらおう」「遊びに行きたい」「楽しい」といった主体的な意思や感情はみられず，ただ何も考えず，されるがままに引きずられるしか術がない。母親から支配的な養育を受けた子どもには，筆者が印象分析において「もし私がこの子どもだったら」と連想した感情，つまり母親に対する否定的・攻撃的な感情が生じるが，母親への否定的・攻撃的感情は同時に見捨てられ不安を喚起する。見捨てられ不安は耐え難いものであり，結果的に自然な感情は抑圧され，描画上でも表情を描くことができなかったのではないだろうか。このようにみると，Aの対人関係のスタイルは「自分が強者ならば相手に構わず自己中心的に突き進む」か，逆に「自分が弱者ならば何か不満があっても感情を抑圧し，されるがままになる」かの両極端な様相を示すのではないかと推測される。

　特徴②　異性の子ども像：Aは子ども像が男の子で4歳，母親像の年齢は26歳であると回答した。これは現在のAと息子の年齢であり，「自分をイメージした」と述べているように，意識的には自分と息子の姿である。筆者の体験では被検者が幼児の親である場合，「自分（妻）と子どものイメージで描いた」と回答し，現実の子どもと同性の子ども像を描くことが多いようである。患者が未婚の場合，あるいは既婚であっても子どもがいない場合などは，子ども像の性別が何らかの意味を持つ可能性も考えられる。しかし，現実生活で幼児のいる親が「母親と子ども」を描こうとする時，意識的には自分の子どもが頭に浮かび，自分の子どもと同性の子ども像を描くことは自然なことであろう。

3　インテーク面接と母子画によるアセスメント

　インテーク面接と母子画から以下のアセスメントを行った。①抜毛についての記憶がおぼろげなことや空白の顔は，強い感情の抑圧あるいはスプリッティングを懸念させる。よって今後の面接においてAが感情を込めて語ることはかなり難しい。②親子関係では母親の声を聞きたくないほど干渉される一方で，拒食により痩せても放任されるような両極端な養育環境にあったと考えられる。③拒食症ともいえるダイエット経験は描画でみられた性同一性の問題と

合致し，女性性の問題はAのテーマの1つである。④治療者－患者関係においては，描画で表現された母子関係が治療者に転移すると仮定すると，治療の初期に以下の転移が出現すると考えられる。すなわち，描画における母親像と治療者を同一視し，治療者にはできるだけ近寄らずにすませたいという恐怖的権力者像の転移である。しかしこれは初期には意識化されず，行動としてこの権力者のご機嫌を損なわないようにする，または損ねたのではないかと非常に気にする態度，つまり防衛の転移が予測される。

第3節　心理療法との照合——20回の面接経過から

ここでは，インテーク面接と母子画により理解されたAの心的世界が心理療法過程にどのように示され，また妥当なものだったのかについて検討する。

1　感情

筆者は初回面接からAの強迫行為の過酷さを感じていたが，Aからはその辛い感情が伝わってこなかった。また，会話がすれ違っている感じ，こちらの質問にまるでコンピュータが回答を出力しているかのような違和感もあった。この状態はその後離人感として語られ，強い抑圧というよりはむしろスプリッティングであると思われた。

2　親子関係とそれによる影響

Aのスプリッティングは，彼女の非常に低い自己評価と超自我の問題と関連していた。面接によりAの母親は小さな子どもに無理難題（たとえば，1時間動いてはいけない）を押し付け，できなければ体罰を与えていたことが明らかになった。子ども像の母親側の耳だけが省略され，母親側だけが単線の腕で描かれるという母子画のサインから解釈された「母親の言葉は聞きたくない，母親への働きかけがうまくいかない」というメッセージは，このような母子関係からくるものであった。母親の要求に応えられないAの自己評価は低く，見捨てられ不安が強まったと推測される。そして見捨てられ不安への防衛として，スプリッティングの機制が働いたと考えられた。

③ 女性性

通院中のAは，化粧はもちろんのこと服装にもかなり気を配っていた。成田（1994）は女性の強迫神経症の養育状況について，母親が拒否的だと娘は父親の役割活動を同一視して社会的独立に価値をおき，高い達成動機を持つようになると指摘している。Aの場合にも父親に同一視し，仕事に執着していたと考えられた。表面的には女らしくすることで認められたい気持ちはあるものの，描画にはAの父親・男性に同一視した心的世界が投映されていたと思われる。

④ 治療者－患者関係

Aとの面接から，彼女にとって言語的なコミュニケーション，すなわち心理療法が不毛なものだと感じられていたことが理解された。しかしながら，医師に勧められると嫌とも言えずに従ってしまったのが真相であった。面接が始まると遅刻への不安，治療者の質問に適切に答えているのか，失礼なことを言ったのではないかという不安が強まった。また治療者の介入をそのまま飲み込み，「初めてわかりました！」と良い患者を演じるなど，異常なまでに治療者に気をつかっていた。Aはまったくの無関心か，逆に興味を引くことができても，思うように行動しなければ体罰を課す恐怖的権力者像を治療者に転移し，母子画で予測した防衛の転移が生じていた。また，「聞きたいことを答えなかったから，バッサリ切られた。ふたりの間に稲妻が落ちた」と述べ，少しでも機嫌を損ねれば瞬時に関係は絶ち切られるという強い見捨てられ不安の存在がうかがわれた。

西澤（1994）は被虐待児の特徴として，大人の期待や感情を敏感に読み取り，指示される前に行動することで大人からの攻撃を回避しようとすることを挙げている。この事例の場合にも母親の体罰は虐待と考えられ，Aはこのような防衛パターンを発達させざるをえなかったのではないだろうか。

⑤ まとめ

事例Aでは，インテーク面接と母子画により理解された彼女の心的世界は治療過程において概ね確認された。その後のAとの面接は，恐怖的権力者像

を治療者に転移する時期が長く続き，一時は収まっていた行動化が激しくなったため，入院治療が行われた。今後，恐怖的権力者像の転移や防衛の転移に変化が生じると，その名残と平行して今度はA自身が引きずられる子どもから逆に引きずる母親となり（攻撃者への同一化），治療者に対して威圧的，攻撃的，衝動的に振る舞う傾向が示されるのではないかと予想される。

　今回は問題点に絞って示してきたが，Aの描画の持つ力強さは，彼女の自我の健康な側面を表している。意識化はされていないものの，インテーク時の母子画で自分自身の問題を描画に表現し対象化することができたということは，Aが今後の治療によってそれを言語化する可能性を示しているともいえるだろう。

第2章

顔だけの母子画
――事例B――

第1節　事例の概要

　Bは29歳の女性である。幼少時は身体の弱かった姉に比べて手のかからないおとなしい子どもだった。父親は真面目な人で，母親は神経質な人だった。小学校時代には仲の良かった友達と活発に過ごし，高校時代はとても楽しかった。高校を卒業して就職，数年の付き合いを経て恋愛結婚。夫と娘の3人家族である。友人関係でのトラブルをきっかけに「眠れない」「気分が沈む」「イライラして子どもにあたる」などの症状が出現したため医療機関を受診した。数回の通院後に筆者が心理検査（ロールシャッハ・テスト，精研式SCT）を実施した。医師より心理療法を勧められたBは「自分の気持ちが整理できるのなら受けたい」と同意し，筆者が心理療法を担当した。

第2節　母子画の分析

　母子画は心理療法のためのインテーク面接の最後に実施した（図2-2参照）。描画後の質問では，子ども像は「女の子」で「2歳」，母親像の年齢は「29歳」であった。母子の行為は「ふたり一緒に並んでいる」，母親像と子ども像の考えていることはふたりが区別されずに「ふたりとも楽しいことを考えている」と答えた。

図2-2　事例Bの母子画

1 印象分析

　筆者はこの母子画から"なんとなく妙な感じ"を覚えた。ふたりは"笑っている"のだが，本来笑顔がもたらすようなほほえましさや安心感があまり伝わってこない。"しんとした静けさ"とでもいうような印象を受けた。筆者が「もしこの母親（子ども）だったら，隣の子ども（母親）に何を思うだろう」と想像してみても，何も連想が浮かんでこない。何度見てもそこに母子がいるだけで，手がかりを得ることができなかった。そこでBの母子画の特徴は"ふたりの関係が想像できない"ことであると考えた。

2 形式分析

（1）描画指標からの解釈

　Bは子ども像，母親像の順番に数分で完成させた。両像は用紙のほぼ中央に位置し，一定のしっかりした筆圧で描かれている。消しゴムによる修正はないものの，母親像の髪の部分には多少の補整もなされている。Bの心的エネルギーがそれほど低くないこと，ものごとにあまりこだわらない側面があることが推測された。母子画にみられた特徴を以下にまとめた。

　特徴①　**顔だけの母子像**：この母子画の最大の特徴は，人物像が顔と肩までしかないことである。身体のほとんどが省略されていることから，身体性の拒否，地に足のついた確実さや現実感の乏しさ，ものごとの全体的な見通しが持

てないことなどが考えられた。

また，境界型人格障害患者のロールシャッハ・テストには人間部分反応（特に顔反応）が多いという指摘があり，これは内的対象関係が部分対象であることを反映したものではないかと考えられている（Sugarman, 1979）。またロールシャッハ・テストと描画表現には共通性があるとの報告もみられる（小田・二宮・徳田，1970）。よってBの「顔だけの母子像」は，Bの対象関係が部分対象であることの反映と解釈できるかもしれない。

特徴②　塗りつぶされた目：母親像，子ども像には眉毛や睫毛が描かれており，ふたりは笑顔を浮かべている。しかし，目は黒く塗りつぶされている。高橋（1974）の基礎資料によれば，成人女性に塗りつぶした目が出現する割合は2.8％（HTPテスト：女性像）であった。目は「心の窓」であり，被検者の人や世界とのかかわり方が現れる部分である。そのため高橋・高橋（1991）によれば，このような目は「外界への敵意」「不快なことを回避しようとする傾向」を表すといわれている。筆者が印象分析で述べた"なんとなく妙な感じ"という感想は，笑顔の中の敵意とでもいうべきこの目に由来するものだったと思われる。

特徴③　「身体接触」の欠如：Bの描いた母子像には身体接触がなく，アイコンタクトもない。つまりGillespie（1994）が指摘する肯定的コミュニケーションのサインが何も描かれていない。この点からBは早期の母子関係において肯定的な関係を体験できなかったと推測される。そしてこの母子像がBの関係性の原点であるとみなせば，Bは現実の対人関係でも肯定的な関係を結ぶことが難しい。

(2) 描画後の質問からの解釈

Bは子ども像の年齢が「2歳」，母子の行為は「ふたり一緒に並んでいる」，母親像と子ども像の考えていることは，ふたりが区別されずに「ふたりとも楽しいことを考えている」と答えた。特徴を以下にまとめた。

特徴①　子ども像の年齢：母子像の年齢がそれぞれ自分と娘の実年齢と一致していることから，Bの意識的な同一化の対象は母親像である。しかし，母親像と肩をならべた子ども像は2歳よりも年長にみえる。Bは2歳の子どもに年齢以上のことを求め，それに応えられない子どもにイライラしているのではない

かと考えられた。また，子ども像もまたBであるという視点からみれば，体の弱い姉に家族の関心が向かうなかで，Bは手のかからないおとなしい子どもとして育ち，年齢以上の役割を担ってきたのかもしれない。その関係が自分と娘の間でも繰り返されているとみなすことができる。

　特徴②　考えていること：Bは母子が考えていることについて「ふたりとも楽しいことを考えている」と述べ，母親像と子ども像の区別がなされなかった。Bには，自他を区別するという自我境界に何らかの問題があるのかもしれない。また，「楽しいこと」という表現は非常に抽象的である。ものごとに対して現実的・日常的なレベルでかかわることが難しく，抽象的・空想的な思考に陥りやすいと思われた。

　さらに「ふたりとも楽しいことを考えている」関係は，お互いが相手のことを考えている相互的な関係に比べて並列的である。身体接触やアイコンタクトだけでなく，母子像の考えていることからもふたりの関係は非常に希薄である。

③　インテーク面接と母子画によるアセスメント

　インテーク面接と母子画から以下の点が理解された。①母親との間で身体接触が象徴するような肯定的な体験が乏しく，それがBの対人関係の原点である。したがってBは他者との間でも信頼感のある肯定的関係を結ぶことが難しい。②他者への不信や敵意は笑顔のような友好的な態度によって防衛される。③治療者－患者関係は，母親像と子ども像の関係から推測すると希薄なものになりがちで，信頼関係を結ぶことは難しい。治療者－患者の治療初期には笑顔が象徴するような一見友好的な態度で治療者に接すること，また，年齢にそぐわない期待に応えてきたBは，治療者の期待に沿わねばならないという観念に縛られて行動することなどが予想される。しかしこれらの行動は防衛であり，治療者との信頼関係に基づくものではない。よって治療者はこれらの行動を強化しないように心がけ，信頼関係を結ぶ努力が必要である。そして，治療過程で防衛に変化が生じた場合には，治療者に対して強い不信感や敵意が向けられる可能性が高い。

第3節　心理療法との照合── 13回の面接経過から

　インテーク面接と母子画によって理解されたBの心的世界について，心理療法の経過と照合しながら検討する。

1 笑顔による防衛

　毎回Bは明るい元気な調子で来院した。初回面接でのBは，治療者に少しでも考える素振りがあれば，「何を考えているのですか？　何が知りたいのですか？」と質問し，治療者の知りたいことには何でも答えるという積極的な姿勢を示した。その姿勢は治療者が戸惑うほどであり，彼女の「治療者からよく思われたい」という気持ちの表れだったと理解される。
　友人関係のトラブルについてBは「信頼すると裏切られる」と語り，さらに「治療者が裏切って友人関係を壊したのではないか」と治療者への不信を直接的に表明した。Bは裏切り攻撃する迫害者として治療者を捉えており，治療者が好みそうな振る舞いをすることで，治療者から攻撃されないようにしていたと考えられる。信頼と不信の間で揺れ動くBの対象とのかかわりの不安定さ，言い換えれば安定した関係性を持つことの難しさが，母子画には肯定的コミュニケーションの欠如（身体接触の欠如）として表象されていたといえる。Gillespie（1994）は，予想される攻撃をかわすため，あるいは自分の内なる敵意をごまかすために，笑顔が使われることがあると指摘している。母子画に身体接触のような肯定的コミュニケーションのサインがみられず，笑顔だけが描かれる場合には，そのような解釈が妥当であろう。

2 希薄な対人関係

　Bは頻繁に友人と連絡を取っていた。友人からの返事が少しでも遅れると「誰からも相手にされていない」と孤独感が強まり，友人や夫は自分の存在を確認するための道具として利用されていた。彼女は平然とした様子で「夫はいい人だが男性としての魅力を感じない。他に恋人を作ればいい」と語り，夫や友人との間で互いを思いやるような成熟した関係は成立していなかった。

また心理療法でもBのコミュニケーションは一方的であった。積極的に話しているようでありながら「だいじょうぶです」と繰り返すBに，治療者はまるで「余計なことは言わないで下さい」と拒否されているかのような気持ちになった。Bは他者との成熟した相互的コミュニケーションを持つことができず，同様に心理療法でも治療者−患者の信頼関係を結ぶことは困難であった。このことが母子画には母親像と子ども像の関係の希薄さとして象徴されていたと考えられる。

３ 「顔」だけの母子像が意味するもの

　Machover（1949）は顔だけを描く被検者がいることについて言及しているが，そうした人物像の解釈には触れていない。また，高橋（1987）も家族画の「記念写真スタイル」には家族全員の半身像や顔だけを描く場合が含まれると報告しているが，その意味については述べていない。家族画の記念写真スタイルは，家族全員を紹介することに重点がある。家族の紹介であれば，人物像が顔だけでも特に問題はないだろう。しかし，母子画のように母親像と子ども像が個人の内的対象であると考える場合には問題である。人物像が顔だけしか描かれないということは，個人の心の中に住む母親像や子ども像が部分的にしか存在しないということになるからである。ここではBとの心理療法を再度振り返り，「顔」だけの母子像の意味について検討する。

　友人関係のトラブルに対するBの反応は，彼女の良い対象と悪い対象が分裂したままであることを露呈した。また，Bは「安定は夫」「男性としての魅力は恋人」とそれぞれに違った役割を期待していた。Bは夫や恋人をひとりのまとまった人間としてではなく彼女の願望を満たすための道具とみなし，相手もそのように自分をみなしていると感じていた。以上のことは，Bの内的世界が，ばらばらの自己とそれぞれに結びつく部分的な対象という部分対象の段階にあったと理解すれば納得できる。「顔」だけの母子像が部分対象関係を象徴するという仮説はBの対人関係のエピソードからも確認された。

　筆者の臨床体験では，病態水準がそれほど重篤でない場合にも「顔」だけの母子像は出現する。しかし，そのような場合は母子が顔を見合わせていたり，あるいは正面を向いている場合でも，描画後の質問では何らかの関係性が説明

されていることが多い。事例を重ねて検証しなければならないが，Bが示したようなまったく関係性のない母子画は，その事例が部分対象関係の段階にあることを示唆するのではないだろうか。

第4節　ロールシャッハ・テストとの照合

　Bは心理療法の開始以前にロールシャッハ・テストを受けていた。ここではBのロールシャッハ・テストと母子画を比較し，母子画の特徴を明らかにしたい。

1　ロールシャッハ・テストからの所見

　表2-1はBのSummary Scoring Tableの概略である。プロトコルは付表1に示した。Summary Scoring Tableの特徴は全体反応が少ない（W％が低い），人間運動反応が少なく外拡型，人間運動反応よりも動物運動反応が多い（M＜FM），形態色彩反応よりも色彩形態反応が多い（FC＜CF＋C），人間反応が少ない（H％が低い），解剖反応が多い（At％が高い）などである。

　ロールシャッハ・テストの分析から，Bの特徴として攻撃性の問題が挙げられる。Bは出会った状況や相手が自分を脅かすもの，不快なものであると感じやすい。これは彼女が対人関係のような情緒的な刺激に敏感で，それに引き込まれやすいことと関連している。情緒的な刺激によってBの強い攻撃性が触発され，結果的には自分が脅かされていると感じてしまう。いったん刺激に翻弄されると衝動的になり，少しのことで善悪の判断が逆転するような不安定で現実検討力の低下した状態になりやすい。時間をかければ回避や抑圧の防衛機制を用いて不安に対処することができるが，検査時のBはその機制が十分に機能

表2-1　事例Bのロールシャッハ・テスト結果—Summary Scoring Table—

```
R＝19   Rej＝0   TT＝10' 43"   RT(Av.)＝1' 04"   R₁T＝9.9"   R₁T(N.C)＝8.8"   R₁T(C.C)＝11.0"
W:D＝6:12   W％＝31.6％   Dd％＝5.3％   S％＝0％   W:M＝6:1   M:ΣC＝1:3
FM＋m:Fc＋c＋C'＝8.5:1.5   FC:CF＋C＝0:3   FC＋CF＋C:Fc＋c＋C'＝3:1.5   M:FM＝1:7
F％＝42.1％   ΣF％＝94.7％   F＋％＝62.5％   ΣF＋％＝72.2％   R＋％＝68.4％   H％＝10.5％
A％＝57.9％   At％＝15.8％   P＝5 (26.3％)   CR＝6   DR＝6
```

しているとは言えなかった。Bの抑うつや空虚感は，攻撃性の抑圧と破綻に起因した症状であるとみなされる。

　Bは人に対する関心が少なく共感性も乏しい。Bにとって情緒的な対人関係は不安を惹起し脅かされる体験であり，その根本には他者からの愛情を期待しながらも，それを不快なものとして捉えていることがある。Bは「メスの小さいコウモリ。……あんまり攻撃的でない気がする」（Ⅴカード）に代表されるような小さくおとなしい女性イメージを持つ一方で，内的衝動や性的関心も強い。夫はBのおとなしい女性の部分には良いパートナーであるが，もう一方の性的・衝動的な部分の彼女にとっては物足りない存在であった。後者を満たす対象であった友人とのトラブルにより，精神的なバランスを崩して発症に至ったと考えられる。

2　母子画とロールシャッハ・テスト

　小田・二宮・徳田（1970）は，ロールシャッハ・テストと絵画表現の相違点と共通点を整理して，「ひとりの人間の絵画表現とロールシャッハ・テストの反応結果には，形式分析的にも内容分析的にも有意義な関連がみいだされる」と報告した。母子画とロールシャッハ・テストの間にも同様の関連があると予想されるため，ここでは両テストの関連について述べてみたい。

　表2-2はBの母子画とロールシャッハ・テストの特徴を対比して示したものである。敵意と攻撃性の問題は，母子画では塗りつぶされた目として表現され，ロールシャッハ・テストでは内的統制・外的統制の不全，迫害的対象，解剖反応の出現から解釈された。他者との関係の希薄さは，母子画では身体接触

表2-2　事例Bの母子画とロールシャッハ・テストの対比

	母子画	ロールシャッハ・テスト
敵意	・黒く塗りつぶされた目	・内的統制，外的統制の不全 ・迫害的対象 ・解剖反応
関係性	・身体接触の欠如 ・顔だけの人物像（部分対象） ・描画後の質問から；考えていることからみた関係の希薄さ	・葛藤的な濃淡反応 ・人間反応が少なく，出現した人間反応は人間部分反応（部分対象） ・人間運動反応が少ない
女性イメージ	・静かな母子像	・小さくおとなしい女性イメージ ・本能衝動の強さと性への関心

の欠如，顔だけの母子像，描画後の質問で述べられた母子像の関係の希薄さから読み取ることができた。この点は，ロールシャッハ・テストの葛藤的な濃淡反応（身体接触にまつわる愛情欲求の問題），人間運動反応が少ない（共感性が乏しい），人間反応が少ない（人への関心が少ない），出現した人間反応は人間部分反応であった（部分対象，身体性の拒否）ことと対応している。

　Bの母子画とロールシャッハ・テストの比較により，ロールシャッハ・テストから得られる情報の一部は母子画からも得られることが明らかになった。同時に，両検査を対比することによってそれぞれの検査の独自性も明確になった。ロールシャッハ・テストは，刺激による退行から進展，回復する精神過程の特徴を観察する検査であり（馬場，1961），Bの場合は回避や抑圧の防衛機制とそれが十分に機能していないことが示された。一方母子画では，「笑顔による防衛」として述べたような防衛の転移が読み取れた。

　防衛の転移とは転移現象の1つで，「患者は衝動や感情をこれまで彼が行ってきたままの方法で，すなわち歪曲された防衛的方法をそのまま表現する」(Freud, 1936／牧田・黒丸監修, 1982, p. 16) ことをさす。つまり，患者は愛や憎しみ，不安といった激しい感情を治療者に対してそのまま向けるのではなく，それまで患者が愛や憎しみといった感情に対して行ってきた防衛方法，それが治療者に対しても行われるのである。Bの場合は敵意や不信といった感情を笑顔でごまかしてきたと思われ，それが治療者の前でも再現されることを母子画は示していた。

　今回の事例は「視覚的・直観的に防衛の転移を理解することができる」という母子画の特徴を示したものであり，母子画が治療者－患者の転移関係を理解する手段となることを示唆した。もちろんロールシャッハ・テストからも防衛の転移は解釈されるが，初心者がそれを読み取ることは難しい。しかし母子画であれば，初心者でも「患者はこのような笑顔（母子像の表情）で治療者に接してくるのではないか，しかしそれは防衛ではないか。また，治療者と患者が手を結ぶことは難しい（信頼関係を築くことは難しい）のではないか」と推測することが可能である。

3 まとめ

　Bの心理療法は，「忙しくなりそうなので」という理由で中断となった。母親像と子ども像の身体接触は，「治療者と患者が一緒に心理療法に取り組むことができるのか」についての指標であるともいえる。今回の事例では母子画の解釈を心理療法に活かすことができなかったが，母子画の有用性は示唆されたといえよう。母子像に身体接触が描かれない，つまり関係性に問題のある患者の場合は，通常の事例以上に信頼関係を築くための配慮が必要である。インテーク時に母子画を実施して注意点を明確にすることができれば，治療者は適切な対応を準備することができるだろう。

第3章

心理療法による母子画の変化
―― 事例C ――

第1節　事例の概要

　Cは30歳の女性である。小さい頃のことはあまり覚えていない。外で遊んだ記憶がなく，家にこもる子どもであった。しかし小学校に入学してからは友達もでき，高校時代は楽しかった。大学に進んで就職したが，結婚を機に退職して専業主婦となった。Cの両親と同居し，夫と息子の5人家族である。

　幼少時のCは，何か新しいことを始めようとすると，母親から「どうせできない」と言われて育った。しかし，Cの息子に対して母親が「ほめて育てなさい」と言うのを聞いて，自分の時とは違うと不満が募った。母親のようにはならないという一心で一生懸命子育てをしてきた。子どもが幼稚園に入園した頃より過喚気症候群の発作が出現し，精神的に不安定となって医療機関を受診した。約半年の服薬治療の後に，医師の勧めにより心理療法が導入され，筆者が担当となった。

　心理療法のためのインテーク面接では，「自分ではよくわからないが，親とのことでいろいろあるのではと思う。心の中に溜め込んでしまう。心を軽くしてあげたい」と語った。

第2節　母子画の分析（1回目）

　図2-3はCの1回目の母子画である。母子画はインテーク面接の最後に実施した。描画後の質問では「自分と息子をイメージして描いた」と述べ，子ども像は「男の子」，年齢は「6歳」，母親像の年齢は「30歳」と答えた。また，母子の行為は「どこかに遊びに行く」，母親像の考えていることは「これからふたりでどこかに遊びに行く」，子ども像の考えていることは「これから行くところに期待してワクワクしているところ」であると説明した。

図2-3　事例Cの1回目の母子画

1　印象分析

　1回目（♯1）の母子画の第一印象は"小さい"ということであった。弱々しい感じはしないものの，元気な感じもしない。母親と子どもが笑顔で手をつないでいる姿に特に違和感はない。母親は子どもより一歩前に出て先導しているようにみえる。母親が何か言っているとすれば，「ついておいで」とでも言っているかのようである。また，子どもも自然な感じで母親に従っているようにみえる。

2 形式分析

(1) 描画指標からの解釈

　Cは母親像，子ども像の順で，用紙の中央からわずかに左寄りの位置にしっかりとした筆圧で描いた。修正はない。母子画の特徴を以下にまとめた。

　特徴①　小さい母子像：一般的に，小さいサイズの人物像は自尊心が低く，抑うつ的であることを示すといわれている（高橋・高橋，1991）。Cの母子像は両像ともに小さく，自尊心が育っていないことがうかがわれた。生育歴では「何か新しいことを始めようとすると，『どうせできない』と言われた」というエピソードが語られているが，母親のそのような養育態度はCの自尊心を傷つけたと予想される。Cの自尊心の傷つきは描画からも理解できるものであった。

　特徴②　母親像の耳の省略：子ども像には耳が描かれているが，母親像には耳が描かれていない。高橋（1974）の基礎資料では成人女性が耳を描く割合は38.9％（HTPテスト：女性像）であり，必ずしも耳の省略が問題を示唆するものではない。しかしながら筆者の体験では，何らかの省略が生じる場合は母子がともに省略されることが多いように思われる。Cの場合は，子ども像の耳は描かれているのに母親像の耳だけが省略されている。そこには何らかの意味があると考え，以下のような仮説を立てた。

　耳は外界からの情報を受け取る器官であり，母親の耳は子どもの声（心の声）を聴く重要な器官である。母親の耳だけが省略されたCの母子画は，Cの母親が子どもの心の声の聞こえない人だった，つまり子どもを受容し，共感することのできない人だったことを示していると考えられる。Cの母親は，子どもを先導するような頼もしい母親であるが，ともすればその行為は子どもへの共感を欠いた独善的なものだったのかもしれない。共感は心理的な栄養分であり，それがなければ現在われわれが慈しんでいるような人間の生活を維持することができない（Kohut，1978）。共感という心理的栄養に恵まれなかったCは自尊心や心的エネルギーを十分に蓄えることができなかったのではないだろうか。

(2) 描画後の質問からの解釈

　子ども像の考えていることには「ワクワクしている」という感情が含まれて

いた。それに対して母親像の考えていることは「これからふたりでどこかに遊びに行く」というだけで，子どもの情緒的な表現とはやや趣の異なるものであった。描画の印象分析のように，母子像の考えていることについてもイメージをふくらませると，子どもの気持ちにうまく共感できない母親の姿が連想される。描画指標でも母親像の耳が省略され，Cの母親は子どもの気持ちに耳が傾けられない人だったのではないかと推測されたが，母子像の考えていることからも同様に解釈ができる。

③ インテーク面接と母子画によるアセスメント

インテーク面接と母子画から以下の点が理解された。①母子像のサイズなどから，Cの心的エネルギーや自尊心は低下した状態にあることが予想され，その背景には母親の共感的対応の不足が関係していると思われる。②子ども像が象徴するCの子どもの心は，ワクワクする主体的な存在であり，心的エネルギーを回復することは可能である。③母親像と子ども像の間に身体接触があり，治療者との間で信頼関係を築くことは可能である。④治療者－患者関係では，母子画に示された耳のない母親像（共感性の乏しい母親像）を治療者に転移すると予想される。そのため，治療初期の治療者は共感的な対応を心がけ，Cの自尊心を回復させる必要がある。

第3節　心理療法の経過と2回目の母子画

① 心理療法の経過

心理療法では，何の援助もしてくれなかった母親を反面教師として子どもを育ててきたこと，子どもをしっかりと援護する母親になりたいことなどが淡々と語られた。心理療法が始まってすぐに父親の末期癌が判明し，急逝した。そのため心理療法は父親への喪の作業が中心となった。抑うつ感は強く隔週の面接も休みがちであったが，心理療法では父親への思慕の情と父親の世話をしなかった母親への怒りが語られる面接が続いた。

母親との関係を語ることは，自分と息子との関係を語ることにつながり，出産時に「おなかの中にいたらずっと守ってあげられるのに」と思ったこと，

第Ⅱ部　母子画の臨床的研究

「息子の自立はうれしいが，寂しい。でも子どものために見守っていたい」「母親にいつも支配されている感じ。こんなことをしたら母に言われると思ってのびのびできない」ことなどを話し，自分の幼少時の記憶についても少しずつ語られるようになっていった。また「心の中に何かが溜まるばかり。何が言いたいのか自分でもわからない。出せたらスッキリするだろうに」とモヤモヤしながら，日常生活では感情の起伏が激しくなっていった。しかし，以前に比べると家事ができないことへの罪悪感は弱まり，ゆっくりと生活できるようになった。母親への感情は「誰のためにこうなったのよ，と言ったらスッキリするだろう」という時期を経て，「子どもの頃から存在を否定されてきた，とバシッと言った。いつも喉まで出かかって抑えていたがすっと出た。スッキリした」「母はいい顔をしないけれど，夫に子どもを頼んで外出した。母が不機嫌な顔をしたって構わない」と思えるようになった。心理療法開始より約2年半後（面接回数45回），治療による変化を把握する目的で再度母子画を実施した。

2　2回目の母子画

　図2-4に2回目（#2）の母子画を示す。描画後の質問では「私と息子です」と答えた。子ども像は「男の子」，年齢は「9歳」，母親像の年齢は「32歳」であった。母子の行為，母子像の考えていることは，「そこまで考えていなかった。お菓子でも買いに行くところでしょうか」と笑いながら答えた。

図2-4　事例Cの2回目の母子画

母子画は母親像，子ども像の順に2分ほどで完成させた。用紙全体を使って描かれ，筆圧はあまり強くない。消しゴムを使った修正はなく，母親像の鼻の部分だけが二重に描かれている。＃1の母子画が小さかっただけに，筆者は＃2の大きさに驚き，それと同時に"顔だけになってしまった"という思いがよぎった。＃2の母子画の特徴を以下にまとめた。

　特徴① 　大きい母子像：＃2の特徴はまず，母子像のサイズが非常に大きいことである。自尊心の回復と活動性や心的エネルギーの高まりがうかがえる。この時期のCは現実の生活でも自己主張ができるようになり，友人との外出も増えている。そのような変化が母子画にも反映されたと考えられる。

　特徴② 　顔だけの母子像：事例Bの「顔」だけの母子像は，部分対象の象徴として解釈した。しかしCの場合は，＃1では全身像が描かれていること，＃2の母親像と子ども像の髪がふれあい，頭をくっつけあっているように見えることから，部分対象の象徴とは解釈しなかった。Cは＃1のような萎縮した抑制的な状態から，＃2の時期には過活動ともいえる状態にあった。よって＃2の「顔」だけの母子像は，画面の中に全身がおさまらず大きな顔だけになったと読み取るほうが適切であろう。

　特徴③ 　横並びの関係：母子像の関係は母親が一歩前に立ち，子どもはそれに先導される関係（＃1）から，母子が互いに頭をくっつけあう横並びの関係（＃2）へと変化した。＃1での先導する母親も先導される子どももC自身であり，心理療法で語られていた「子どもを守らなければ」という気持ちと，母親に言われるままで言い返せないCの姿であった。＃1の「先導する－先導される」関係から＃2の「対等な横並び」の関係への変化は，「母親にいつも支配されている感じ。こんなことをしたら母に言われると思ってのびのびできない」Cが，「バシッと言った」「母が不機嫌な顔をしたって構わない」Cへと変化したことに対応すると考えられた。

3 まとめ

　母子画を用いたアセスメントにより，心理療法では心の栄養となるような共感的対応を心がけた。約1年にわたる喪の作業において，筆者はCの感情を明確化しながら感情表現のモデルを提示し，Cのことを理解しようとしているこ

とを伝え続けた。この過程を通じてCと治療者は信頼関係を結んでいった。

＃1の母子画と2年半後に実施した＃2の母子画ではサイズや母子の関係性が変化し，心理療法によるCの変化が母子画にも反映されていた。心理療法によって母子画が変化するということは，母子画が早期の対象関係をそのまま再現するものではなく，早期の対象関係を基盤にしながら，それ以降の体験を包括したものが母子画に表象されることを示唆している。＃2の母子画は大きすぎると同時に大きさの割に筆圧が弱い。これは母子像の大きさがCに見合ったものではなく，変化の途中であることを暗示している。心理療法の節目に母子画を実施することにより，患者の現状把握ができると同時に治療方針を確認することができる。Cの事例でいえば，今後は顔だけの母子像が適切な大きさの全身像となるように，Cの感情のバランスを整える面接が必要であろう。

第Ⅲ部
母子画の基礎的研究

■ ■ ■

　第Ⅰ部では，母子画の解釈には主観的評価と客観的評価の統合された解釈が必要であると述べた。第Ⅱ部では実際に母子画を用いてアセスメントを行った事例を提示して，母子画から患者の人格特徴が理解され，母子画が心理療法のアセスメント手段として利用できることを示した。特にGillespie（1994）が指摘した「母親像と子ども像の身体接触」は母子画の重要な視点であり，表情や身体接触などから総合的に判断された母子像の関係性は，治療者－患者関係にも投映されると考えられた。

　第Ⅲ部では，母子画を心理検査として確立することを目的に，母子画の基礎的研究を行う。母子画の研究は少なく，典型的な母子画とはどのようなものなのかも解明されていない。そこで第1章では母子画を解釈するための分析指標（描画指標・描画後の質問指標）を設定し，その出現頻度から描画指標の標準タイプを明らかにする。また，描画指標を個別に取り上げるだけでなく，母子画を全体として捉えるための描画パターンの抽出，そして描画パターンを数量化した母子画得点の作成を試みる。さらに母子画の再検査信頼性についても検討する。

　第2章では成人版愛着スタイル尺度，構成的文章完成法，東大式エゴグラムを利用した調査を実施する。第3章では前章までの結果をもとに描画指標や描画パターンの解釈仮説を提示する。第4章では精神障害者と非行少年の母子画の特徴から，精神病理や非行の問題が母子画にどのように反映されるのかを検討する。第5章では，心理検査としての母子画の意義について考察する。

第1章

母子画の基礎的分析

第1節　母子画の収集と分析

1　方法

　対象：被検者は4年生大学および短期大学の学生597名（男性179名，女性418名）であった。年齢は18-39歳，男性の平均年齢が21.3歳（SD=2.2），女性の平均年齢が19.7歳（SD=1.3）であった。被検者の92.1％に兄弟がいた。

　手続き：母子画は数回にわけて集団法で実施した。母子画は3Bの鉛筆と横向きにしたA4判の白紙を配布し，「お母さんと子どもの絵を描いて下さい」と教示した。描画後に質問（Post Drawing Interrogation：PDI）をしたが，その内容は「あなたの描いた子どもは男の子ですか，女の子ですか」「あなたの描いた子どもは何歳くらいですか」「あなたの描いた母親は何歳くらいですか」「あなたの描いた親子は何をしているところですか」「あなたの描いた子どもは何を考えていますか」「あなたの描いた母親は何を考えていますか」「この親子のどちらに親しみを感じますか」の7項目であった。

2　分析指標の設定と出現頻度

　対象関係論を背景理論とする母子画では，母親像と子ども像がそれぞれ個人の内的対象を表象しているとみなし，母親像と子ども像の関係を読み取ることで被検者の対象関係を推測する。また，Gillespie（1994）は「母親像は成熟し

第1章　母子画の基礎的分析

表3-1　母子画の分析指標

分析指標	表現型
描画指標	
（1）母子像の種類	〔人間／動物・抽象的表現〕
（2）子ども像の数	〔単数／複数〕
（3）形態	〔全身／半身／顔／隠れている〕
（4）サイズ	〔小さい／普通／大きい〕
（5）表情	〔笑顔／非笑顔／後ろ姿／空白の顔〕
（6）身体接触	〔抱く／手をつなぐ／子からの接触／非接触〕
（7）アイコンタクト	〔母と子が見つめ合っている（母⇔子）／母が子を見ている（母⇨子）／子が母を見ている（子⇨母）／アイコンタクトなし〕
PDI 指標	
（8）子ども像の性別	〔同性／異性〕
（9）年齢	数値（単位：歳）
（10）母子の行為	自由記述
（11）親しみを感じる対象	〔母親／子ども／どちらにも感じる／どちらでもない・未記入〕
（12）考えていること	〔母も子も相手のこと（母⇄子）／母だけが子どものこと（母→子）／子だけが母のこと（子→母）／それぞれに別のこと〕

た自我を表す」「子ども像は inner child を表す」という仮説を提示している。そこで本研究では，母親像，子ども像，母親像と子ども像の関係性という観点から分析指標を設定した（表3-1参照）。描画テスト全般に共通した項目（筆圧や描線など）は母子画においても同様の解釈ができるものとみなして，本研究では母子画に特徴的な項目だけを取り上げた。また，今回の調査は母子画に現れる性差を明らかにするためのものではない。そこで，男女別の出現頻度は特に明示する必要がある場合にのみ提示した。

（1）母子像の種類

母子画は「お母さんと子どもの絵を描いて下さい」と教示し，人間の母子像を描くように指示しない。一般的にはこの教示によって人間の母子像が描かれるが，少数ながら動物の母子像が描かれることもある（馬場，1997）。そこで，母子像を〔人間／動物・抽象的表現〕の2種類に分類して出現率を調査した。抽象的表現とは図3-1のような母子画で，写実的に人間像を描かない場合とした。

図3-1　〔抽象的表現〕

表 3-2 「母子像の種類」の出現頻度

	度数（％）
人間	589 (98.7)
動物・抽象的表現	8 (1.3)

表3-2に示すように，母子像の種類は〔人間〕が98.7％を占めた。〔動物・抽象的表現〕の出現頻度は非常に少なく，わずか8名（1.3％）であった。動物の種類はアヒル，イルカ，猫，狼，馬，亀がそれぞれ1名ずつで，抽象的表現は2名であった。

(2) 子ども像の数

Gillespie（1994）は"Draw a mother and child"と教示して1人の子どもを描くように指示しているが，本研究では「お母さんと子どもの絵を描いて下さい」と教示した。その理由は，早期の母子関係が母子画に投映されるならば，特に指示しなくても二者関係，つまり母親と1人の子どもが描かれるのではないかと予想したからである。しかし，実際には表3-3に示すように，被検者の95.5％が〔単数〕の子ども像を描き，被検者の4.5％が〔複数（2人以上）〕の子ども像を描いた。〔複数〕の子ども像の内訳は，2人の子ども像が20名，3人が4名，4人が3名であった。

表 3-3 「子ども像の数」の出現頻度

	度数（％）
単数	570 (95.5)
複数	27 (4.5)

表3-4は被検者の兄弟数と子ども像の数とのクロス表である。出現頻度に偏りがあることは明白であるが（$\chi^2 = 61.8$, $df = 9$, $p<.001$），ここでは描画の子ども像の数が実際の被検者の兄弟数を反映しているか否かが問題とされる。結果は，兄弟なしの被検者でも複数の子ども

表 3-4 兄弟数と「子ども像の数」のクロス表

		被検者の兄弟数				合計
		兄弟なし	2人兄弟	3人兄弟	4人兄弟	
子ども像の数	1人	46 (95.8)	313 (94.8)	189 (96.9)	20 (90.9)	568 (95.5)
	2人	2 (4.2)	12 (3.6)	5 (2.6)	1 (4.5)	20 (3.4)
	3人	0 (0.0)	3 (0.9)	1 (0.5)	0 (0.0)	4 (0.7)
	4人	0 (0.0)	2 (0.2)	0 (0.0)	1 (4.5)	3 (0.5)
合計		48 (100)	330 (100)	195 (100)	22 (100)	595 (100)

兄弟数未記入が2名。

像を描く者もあり（4.2%），また，兄弟数が2人以上は547名であるが，そのうち522名（95.4%）は1人（単数）の子ども像を描いた。兄弟数が2人以上（547名）で兄弟数に等しい子ども像を描いた者は14名（2.6%）にすぎなかった。この結果は，子ども像が現実の兄弟数を反映するのではなく，母親1人と子ども1人の二者関係の描画が母子画の基本的な形であることを示した。一方で，複数の子ども像は，「お母さんと子どもの絵を描いて下さい」という教示によって複数の子どものイメージが浮かんだ場合であると考えられる。母子画では母親像と子ども像の二者関係を重視する。また第Ⅱ部の事例も二者関係が基本であった。そこで以下の分析は子ども像の数が〔単数〕の場合について実施することとした。

(3) 形態

対象関係論における内的対象，たとえばその人の心の中にある母親像は，母親の匂い，母親の手触りなどがそれぞればらばらに存在しているように感じる断片的な自己，すなわち部分対象の段階から，断片的な自己が少しずつまとまり，母親に関しても良い所も嫌な所も併せ持つひとりの母親として捉えられる全体対象の段階へと成熟する（松木，1996a）。また，第Ⅱ部で報告した事例Bの顔だけの母子像は，被検者の対象関係が部分対象であることを表している事例であった。そこで，母子像が部分的に描かれる場合と，全身が描かれている場合では被検者の対象関係が異なるのではないかと考えて，母子像の形態〔全身／半身／顔／隠れている〕を分析指標に取り上げた。〔全身〕は頭から足まで全身が描かれている場合である。なお足先などのごく一部が用紙によって切断されている場合や，ごく一部が省略されている場合は〔全身〕に含めた[1]。

〔半身〕は用紙の下端までを使って上半身が描かれている場合や腕を含めた腰までの上半身が描かれている場合，〔顔〕は顔だけあるいは肩までしか描かれていない場合である（図3-2，図3-3参照）。なお人物像が布団や炬燵に入っている場合など，何かに隠れて全身が見えない場合は〔隠れている〕に分類した。

---

[1]〔全身〕のうち，足先が一部切断・省略された描画は，母親像で23名，子ども像では44名にみられた。

図3-2 〔半身〕　　　　　　　　　図3-3 〔顔〕

　結果は表3-5に示されるが，母親像，子ども像，その組み合わせは次の通りであった。
　①母親像：出現率は〔全身〕が82.3％，〔半身〕が12.3％，〔顔〕が4.0％，〔隠れている〕が1.4％であった。
　②子ども像：出現率は〔全身〕が87.7％，〔半身〕が5.6％，〔顔〕が3.9％，〔隠れている〕が2.8％であった。
　③母親像と子ども像の組み合わせ：母親像と子ども像の形態を統合して捉えるため，両像を組み合わせて出現頻度を調べた。その結果，母親像と子ども像の形態は一致することが多く，両像の一致度は92.1％を示した。なかでも母子ともに〔全身〕で描かれることが母子画の標準的なスタイルであった。なお，子ども像が〔半身〕の場合には母親像も〔半身〕（100％）となるが，母親像が〔半身〕の場合は子ども像の〔半身〕は45.7％であり〔全身〕や〔隠れている〕も描かれた。

表3-5 「形態」の出現頻度

		子ども像				合計
		全身	半身	顔	隠れている	
母親像	全身	465 (81.6)	0 (0.0)	0 (0.0)	4 (0.7)	469 (82.3)
	半身	33 (5.8)	32 (5.6)	1 (0.2)	4 (0.7)	70 (12.3)
	顔	1 (0.2)	0 (0.0)	21 (3.7)	1 (0.2)	23 (4.0)
	隠れている	1 (0.2)	0 (0.0)	0 (0.0)	7 (1.2)	8 (1.4)
	合計	500 (87.7)	32 (5.6)	22 (3.9)	16 (2.8)	570 (100)

(4) サイズ

人物像のサイズは，描画特徴を客観的に捉える指標として使用され，Gillespie（1994）も母子画の指標として取り入れている。したがって本研究でも母親像と子ども像のサイズを評価した。

人物画のサイズは一般的に被検者と環境の関係，自尊心や活動性，感情状態を反映すると考えられている。サイズが小さい場合は自尊心の低さや無力感，劣等感などを意味し，サイズが大きい場合は自己主張，過活動，攻撃性などを意味する（高橋・高橋，1991）。よって本研究でも各像を〔小さい〕〔普通〕〔大きい〕に分類することにした。

母子画には人物画テストと違ってA4判の用紙を横向きに配布していること，母親と子どもの2種類の人物像を描くこと，顔だけや半身の母子像が含まれることなどの特徴がある。そのため臨床的に小さすぎる，あるいは大きすぎると判断される母子画を参考にして，まず母親像と子ども像のそれぞれについて〔小さい〕〔大きい〕を主観的に区分した。〔普通〕はその中間とした。さらに母親像・子ども像の実測値の分布[★2]を考慮したうえで，結果的に両像のサイズは次の基準とした。

母親像の〔小さい〕は70㎜×50㎜の長方形以内，〔大きい〕は180㎜×100㎜の長方形からはみ出る描画とした。子ども像の〔小さい〕は45㎜×40㎜の長方形以内，〔大きい〕は130㎜×70㎜の長方形からはみ出る描画とした。母子像ともに〔普通〕は〔小さい〕と〔大きい〕の間とした。何かに隠れて全身が見えない場合は測定から除外した。図3-4，図3-5は〔小さい〕と〔大きい〕の分類例を示したものである。

結果は表3-6に示されるが，母親像と子ども像のサイズ，およびその組み合わせの出現率は次の通りであった。

① 母親像：〔小さい〕が5.4％，〔普通〕が78.1％，〔大きい〕が16.5％であった。
② 子ども像：〔小さい〕が16.0％，〔普通〕が75.8％，〔大きい〕が8.2％であった。

★2　母親像・子ども像の実測値の分布は付表2に示した。

図3-4 〔小さい〕　　　　　図3-5 〔大きい〕

表3-6 「サイズ」の出現頻度

		子ども像			合計
		小さい	普通	大きい	
母親像	小さい	26（4.7）	4（0.7）	0（0.0）	30（5.4）
	普通	61（11.0）	361（65.2）	10（1.8）	432（78.1）
	大きい	2（0.4）	54（9.8）	35（6.4）	91（16.5）
	合計	89（16.0）	419（75.8）	45（8.2）	553（100）

　③母親像と子ども像の組み合わせ：〔母子がともに普通〕のサイズが65.2％であり，これが標準的スタイルであった。

　また両像のサイズの一致率は76.3％を示した。母子画では母親像も子ども像もその人自身の投映であると考えており，本結果はどちらかの像だけが大きい，あるいは小さいということが基本的に少ないことを示した。基本が一致であるとすると不一致は例外ということになるが，バランス的に母親像よりも子ども像が大きい〔母親は小さい・子どもは普通〕，〔母親は普通・子どもは大きい〕は2.5％（14名）であった。これらは例外であるといえる。なお，〔母親は大きい・子どもは小さい〕も例外（0.4％；2名）であった。

(5) 表情

　人物像の表情には被検者の心情が直接的に表れやすい（Machover, 1949）。また，後ろ姿の人物像は引きこもりがちで本当の自分の姿を隠して外界と接触しようとする傾向や逃避的な構えがあることを意味し，空白の顔を描く場合には特にその傾向が強いとされる（高橋・高橋，1991）。Gillespie（1994）によ

れば母子像の表情はほとんどが笑顔であり，そうでない場合には慎重な検討が必要だと述べている。母子画に表現された母親像は現実の母親そのままではなく，母親との関係を通じて内在化された心の中の母親である。そのため母親像もその人自身であり，母親像が示した表情・心情はその人の心情である。子ども像もまたその人自身であるとすれば，母親像と子ども像の表情が異なる場合は，その意味を理解することが重要な視点となる。この点についてGillespieは，笑っている子どもと怒って金切り声をあげている母親のような母子の不一致が，スプリッティングや投影性同一視といった防衛を示唆するだろうと指摘している。

筆者の先行研究では表情の約8割が笑顔という結果であった（馬場，1997）。一方で笑顔でない表情（非笑顔）には感情の入り混じった複雑な表情を描く例が含まれており，明確な分類が困難であった。そこで今回は，〔笑顔／非笑顔／後ろ姿／空白の顔〕に分類して出現頻度を調べた。図3-6，図3-7は〔非笑顔〕と〔空白の顔〕の例である。

この指標では母子間の不一致が重要である。そこで表3-7に両像の表情を組み合わせた出現頻度を示す。表現型の出現頻度には有意な偏りが認められ（$\chi^2 = 853.1$, $df = 9$, $p<.000$），〔母子がともに笑顔〕が335名（58.8％）であった。この結果は，筆者の先行研究よりもやや少ないものの，母子画では〔母子がともに笑顔〕が標準であることを示した。

なお，不一致の中では〔母親は笑顔・子どもは非笑顔〕の組み合わせが9.1％の出現率であった。これは他の組み合わせに比べて出現率が高く，描画

図3-6 〔非笑顔〕　　　　　　図3-7 〔空白の顔〕

表 3-7 「表情」の出現頻度（出現率）

母親像 \ 子ども像		笑顔	非笑顔	後ろ姿	空白の顔	合計
母親像	笑顔	335 (58.8)	52 (9.1)	5 (0.9)	3 (0.9)	395 (69.3)
	非笑顔	14 (2.5)	73 (12.8)	1 (0.2)	2 (0.2)	90 (15.8)
	後ろ姿	1 (0.2)	3 (0.5)	10 (1.8)	3 (1.8)	17 (3.0)
	空白の顔	1 (0.2)	2 (0.4)	4 (0.7)	61 (10.7)	68 (11.9)
合計		351 (61.5)	130 (22.8)	20 (3.5)	69 (12.1)	570 (100)

図3-8 〔母親は笑顔・子どもは非笑顔〕　　図3-9 〔母親は空白の顔・子どもは笑顔〕

としてもあまりちぐはぐな印象ではなかった（図3-8参照）。一方、〔母親は非笑顔・子どもは笑顔〕や〔母親は空白の顔・子どもは笑顔〕の組み合わせは例外的で（0.2％）、描画としてもちぐはぐな印象を与えるものであった（図3-9参照）。

(6) 身体接触

Gillespie（1994）は、母子像の身体接触が肯定的コミュニケーションを伝えると述べている。身体接触、つまり触覚は視覚や聴覚などに比べて最も情緒的なニュアンスを伝達する手段であり、肌の触れ合いは心の成長のための最初の刺激である（Anzieu, 1985）。また、母子像の身体接触を描くためには母親像と子ども像を接近させて描く必要がある。被検者の心に母親像を信頼する気持ち、ひいては「他者は自分に危害を加えないだろう」という基本的信頼感が母子の身体接触に表象されると考えられる。また、母子像のそれぞれが個人の内的対象であるならば、両像が身体接触によってつながるということは、内的対

第1章　母子画の基礎的分析

図 3-10 〔子からの接触〕

表 3-8 「身体接触」の出現頻度

	度数（%）
抱く	130（22.8）
手をつなぐ	313（54.9）
子からの接触	6（ 1.1）
非接触	121（21.2）

象が結びつき，全体対象としてまとまっていることを意味するのかもしれない。

さらに，身体接触の意味はどのような形で接触しているかによっても異なるだろう。特に母親が子どもを抱くことは Winnicott（1986）の「抱えること」，あるいは Bion（1962）の「コンテイナー（受け皿）とそこに包まれるコンテインド（収納物）」を表象している可能性が考えられる。そこで母子像の身体接触は〔抱く／手をつなぐ／子からの接触／非接触〕に分類した。

〔抱く〕は，基本的には母親が子ども（乳児）を抱いている母子画であるが，母親像が子ども像の肩や頭を抱いているもの（6名），母子が抱き合うもの（3名）を含めた。さらに母親が子どもの世話をしている母子画（3名）もここに含めた。〔手をつなぐ〕の基本は，母と子が手をつないで立っている母子画であるが，寄り添って肩が触れ合っているものや頭をくっつけているもの（2名）を含めた。

〔子からの接触〕は，子どもは母親に触れているが，母親には子どもに触れようとする動きがないものと定義した。このような拒否的な母親像は臨床的に重要な視点と考えられたため，子どもが母親の肩たたきをしているような場合はここには含めず，子どもが母親の洋服や腕につかまっているような場合とした（図3-10参照）。表3-8に示すように，結果は〔抱く〕が22.8%，〔手をつなぐ〕が54.9%，〔子からの接触〕が1.1%，〔非接触〕が21.2%であり，母子画における母親像と子ども像の身体接触は〔手をつなぐ〕が基本であった。

図3-11 〔母⇔子〕   図3-12 〔子⇨母〕

(7) アイコンタクト

Gillespie (1994) はアイコンタクトにも注目し，アイコンタクトもまた肯定的コミュニケーションを表すシンボルであると述べている。対象関係論の観点から考えると，見つめ合う母子像は，成熟した母親である内的自己と自己の内なる子どもとの親密な情緒的交流や相互的な信頼感のシンボリックな表現である。現実生活における対人関係が内的に表象された母子関係を基礎に構築されるとするならば，母子画の母親と子どもが暖かく親密な関係で描かれていれば，被検者は現実の対人関係でも同様の関係を築くことができると考えられる。そこで本研究では母子像の関係性の指標としてアイコンタクトを設定した。

母子像のアイコンタクトは，〔母親と子どもが見つめ合っている（母⇔子）／母親が子どもを見ている（母⇨子）／子どもが母親を見ている（子⇨母）／アイコンタクトなし〕に分類された。後ろ姿であっても首の傾きなどから相手に視線を向けている様子が表現されている場合は，アイコンタクトがあるとみなした。この指標は評定者の主観的印象が含まれるため，筆者を含む臨床心理士2名で判定し，不一致の場合は討議の上で決定した。図3-11，図3-12は〔母⇔子〕と〔子⇨母〕の例を示したものである。

表3-9にアイコンタクトの出現頻度を示す。結果は〔アイコンタクトなし〕が59.1％で最も多く標準的であった。アイコ

表3-9 「アイコンタクト」の出現頻度

	度数（％）
母⇔子	121（21.2）
母⇨子	79（13.9）
子⇨母	33（ 5.8）
アイコンタクトなし	337（59.1）

ンタクトを描く場合には，相互的な〔母⇔子〕(21.2%) が多く，〔母⇨子〕は13.9%，〔子⇨母〕は5.8%であった。

(8) 子ども像の性別 《PDI指標》

母子像のうち母親像は当然女性であるが，子ども像の性別は被検者の判断にまかされている。人物画では被検者と同性の人物が描かれることが多いといわれ，また被検者の対象関係が母子画に投映されるのであれば，母子画の子ども像は被検者と同性の子ども像が描かれる可能性が高い。そこで描画後に「あなたの描いた子どもは男の子ですか，女の子ですか」と質問し，アンケート用紙の〔男の子／女の子〕から選択させた。子ども像の性別は，アンケートへの回答と被検者の性別と照らし合わせて〔同性／異性〕に分類した。その結果，男性は女性よりも同性の子ども像を描く場合が多いものの（$\chi^2 = 142.3$, $df = 1$, $p<.000$），全体的には被検者と〔同性〕の子ども像が71.0%，〔異性〕が29.0%であり，同性の子ども像を描くことが標準的であった（表3-10参照）。

表3-10 「子ども像の性別」の出現頻度

描画		被検者の性別		合計
		男性	女性	
	同性像	160 (92.5)	244 (61.7)	404 (71.0)
	異性像	13 (7.5)	152 (38.4)	165 (29.0)
合計		173 (100)	396 (100)	569 (100)

1名は未記入

(9) 年齢 《PDI指標》

早期の対象関係が母子画に投映されるならば，描かれる子ども像は乳幼児として表現される可能性が高い。そこで被検者が何歳の子ども像を描いたのかを調べるために，「あなたの描いた子どもは何歳くらいだと思いますか」と質問して，数値を記入させた。また，参考のため母親像の年齢も調査に加えた。

年齢が「4～6歳」など幅のある場合は，中間の値を採って「5歳」とした。母親像の年齢は6歳-120歳（Mean：30.3歳，SD：6.3）で，6歳や120歳は母子像の種類が動物（馬：6歳，亀：120歳）の場合であった。子ども像の年齢

表 3-11 「母親像の年齢」の出現頻度

母親像の年齢	度数（％）
25 歳未満	33（5.8）
25 歳—29 歳	210（36.9）
30 歳—34 歳	220（38.7）
35 歳以上	106（18.6）

1 名は未記入

表 3-12 「子ども像の年齢」の出現頻度

子ども像の年齢	度数（％）
乳児（2 歳未満）	95（16.7）
幼児（2 歳—6 歳）	364（63.9）
児童（7 歳—12 歳）	101（17.7）
思春期・青年期（13 歳以上）	10（1.8）

は0歳-22歳（Mean：4.7歳，SD：3.2）であった。各像の年齢の分布は付表3に示した。

母親像の年齢は〔25歳未満／25歳-29歳／30歳-34歳／35歳以上〕，子ども像の年齢は〔乳児（2歳未満）／幼児（2歳-6歳）／児童（7歳-12歳）／思春期・青年期（13歳以上）〕に分類して出現頻度を求めた。その結果，母親像の年齢は〔25歳-29歳〕と〔30歳-34歳〕が合わせて75.6％で，これが標準的な年齢であった（表3-11参照）。子ども像の年齢は〔幼児〕が63.9％で最も出現率が高く，〔乳児〕を含めると全体の80.6％であった（表3-12参照）。

母子画では被検者の実年齢（18-39歳）に近い子ども像が描かれることは少なく，「お母さんと子ども」という教示は「お母さんと乳児・幼児」の姿をイメージさせやすいことが明らかにされた。この結果は，子ども像が「内的自己としての子ども（inner child）」を表象することを示すと思われた。

(10) 母子の行為　《PDI指標》

どのような場面が母子画に描かれたのかを調査するため，「あなたの描いた親子は何をしていますか」と質問して自由に記述させた。

表3-13は頻度の多かった行為のうち上位10種類を示したものである。「買い物に行く・買い物から帰る」が最も多く24.6％，「散歩」が12.3％，「手をつないでいる・抱いている」が12.1％であった。屋内の日常的な行為が多いといわれる動的家族画（日比，1986）や学校行事や家族旅行などの屋外の非日常的行為が選択されやすいとされる回想動的家族画（小栗，1995）に比べ，母子画では屋外の日常的な行為が描かれることが多いという特徴がみられた。

表 3-13 「母子の行為」の出現頻度

	度数（％）
買い物に行く・買い物から帰る	140 (24.6)
散歩	70 (12.3)
手をつないでいる・抱いている	69 (12.1)
どこかに出かける・どこかから家に帰る	65 (11.4)
話している	34 (6.0)
遊んでいる（本を読んでいるなど）	27 (4.7)
寝ている	20 (3.5)
子どもが何かをしているのを母親が見ている	16 (2.8)
写真撮影	16 (2.8)
子どもをあやしている	12 (2.1)

(11) 親しみを感じる対象　《PDI指標》

　Gillespie（1994）は意識的な同一化の対象について，子どもたちは子ども像に同一化し，大人の女性は実際に子どもがいるかどうかにかかわらず母親像に同一化するのが普通であると述べている。では，青年期の被検者はどちらの像に同一化するのか，男性は異性である母親像に同一化することは難しいのではないかといった疑問が生じる。

　そこで「あなたはこの母親と子どものどちらに親しみを感じますか」と質問し，被検者が母親像と子ども像のどちらに親しみを感じるかを調査した。親しみを感じる対象はアンケート用紙に記入された〔母親／子ども〕から選択させた。しかし「どちらにも親しみを感じる」「どちらでもない」などの回答が得られたため，結果は〔母親／子ども／どちらにも感じる／どちらでもない・未記入〕に分類した。

　表3-14に結果を示す。〔母親〕に親しみを感じると回答した被検者が54.0％，〔子ども〕が39.6％，〔どちらにも感じる〕が3.2％，〔どちらでもない・未記入〕が3.2％であった。被検者の性別によって，親しみを感じる対象の出現頻度に偏りはみられず（$\chi^2 = 4.2$, $df = 3$, n.s.），男性の48.0％が母親，45.1％が子どもに親しみを感じていた。

表 3-14 「親しみを感じる対象」の出現頻度

	度数（%）		
	男性	女性	合計
母親	83 (48.0)	225 (56.7)	308 (54.0)
子ども	78 (45.1)	148 (37.2)	226 (39.6)
どちらにも感じる	5 (2.9)	13 (3.3)	18 (3.2)
どちらでもない・未記入	7 (4.0)	11 (2.8)	18 (3.2)

(12) 考えていること 《PDI指標》

　身体接触とアイコンタクトは，母子画に表象された母子の心の交流（情緒的コミュニケーション）を表すシンボリックな指標であった。さらに母子の関係性を理解するため，母親像と子ども像が「相手のことを考えているのか」という視点から被検者に言語レベルでの説明を求めた。

　この指標では「あなたの描いた母親（子ども）は何を考えていますか」と質問した。自由記述で得られた回答は「暖かさ」「子どもの幸せ」「お母さんと一緒でうれしい」といった情緒的なものや，「今夜の献立」「何を買ってもらおうかな」のような生活に関することなど多様であった。そこでこれらの記述を数量的に扱うため，以下のように分類した。

　母親の考えていることは，「子どもは何を食べたいのかな」のように直接的に子どもに言及した場合は〔子どものこと〕，「夕飯の買い物のこと」「いい天気だ」などのように子どもに関する記述がない場合は〔その他〕とした。子どもの考えていることも同様に〔母親のこと〕と〔その他〕に分類した。その上で各像が相手のことを考えているか否かという視点から，〔母子が互いに相手のことを考えている（母⇄子）／母親だけが子どものことを考えている（母→子）／子どもだけが母親のことを考えている（子→母）／母子がそれぞれ別のことを考えている（それぞれに別のこと）〕に分類した。結果は表3-15に示したように，〔母⇄子〕の出現率が24.7％，〔母→子〕が31.9％，〔子→母〕が9.1％，〔それぞれに別のこと〕が34.2％であった。

　表3-16は「考えていること」と「ア

表 3-15 「考えていること」の出現頻度

	度数（%）
母⇄子	141 (24.7)
母→子	182 (31.9)
子→母	52 (9.1)
それぞれに別のこと	195 (34.2)

表 3-16 「考えていること」と「アイコンタクト」のクロス表

		アイコンタクト				合計
		母⇔子	母⇨子	子⇨母	なし	
考えていること	母⇌子	50（8.8)	11（1.9)	8（1.4)	64（11.2)	141（24.7)
	母→子	34（6.0)	52（9.1)	8（1.4)	89（15.6)	182（31.9)
	子→母	10（1.8)	3（0.5)	5（0.9)	33（5.8)	52（9.1)
	それぞれ	27（4.7)	13（2.3)	12（2.1)	151（26.5)	195（34.2)
合計		121（21.2)	79（13.9)	33（5.8)	337（59.1)	570（100)

イコンタクト」の出現頻度をクロス表で示したものである。出現頻度には偏りがみられたが（$\chi^2 = 81.4$, $df = 9$, $p<.000$），ここで注目したいのは，アイコンタクトがない場合でも考えていることは〔母⇌子〕や〔母→子〕〔子→母〕の場合が32.6％を示したことである。このことは描画上にアイコンタクトが描かれていなくても，言語レベルでは相手のことを考えるという形で何らかの関係性を持っているということである。この結果は，描画にPDI指標を加えることの必要性を示すものである。

3 表現型の標準タイプ・準標準タイプ・非標準タイプ

一般に，数量化尺度から構成される心理検査（標準化された質問紙法などの心理検査）の尺度得点分布は，正規分布が仮定される。この場合，得点の出現確率はおおよそ図3-13に示すものであり，出現確率の小さな領域に該当する

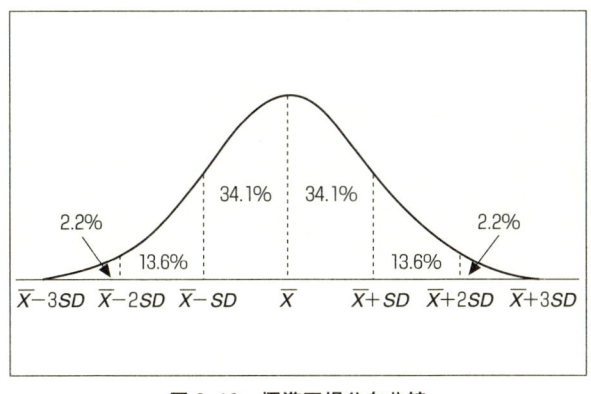

図 3-13 標準正規分布曲線

被検者は，中央に位置する標準的な被検者に比べてその尺度（特性）の差異が大きい。そこでこの考え方を母子画の描画指標に適用して表現型を特徴づけることとした。すなわち出現率50％以上の表現型を標準タイプ，出現率50％未満10％以上を準標準タイプ，10％未満は非標準タイプとして区分した。なお，形態・サイズ・表情の表現型では，母親像と子ども像の単純な組み合わせは16通りとなるが，それぞれの表現型の母親像と子ども像の一致および不一致に着目して，形態は7類型，サイズと表情はそれぞれ8類型とした（表3-17参照）。

　標準タイプ，準標準タイプ，非標準タイプの意味は被検者が大学生・短大生であることから以下のように考えられる。つまり，標準タイプは一般的で普通の母子画であることを意味し，準標準タイプは標準と非標準の中間で一般的・普通とはいえないが，標準から大きくはずれた特異または特殊なものともいえないレベルの母子画，非標準タイプは標準タイプの母子画とは違いが大きく，標準から大きくはずれた特異または特殊な母子画であることを意味する。母子画には被検者の心の内容，とりわけ自己の内なる「母としての自己」と「子としての自己」およびその関係が表象されているという仮説からは，特に非標準タイプの母子画は慎重に扱い，被検者の「心の内容」を十分に理解することが大切だということになる。

　図3-14に形態，サイズ，表情，身体接触，アイコンタクトのすべてが標準タイプ〔母子がともに全身／母子がともに普通／母子がともに笑顔／手をつなぐ／アイコンタクトなし〕の事例，図3-15にはすべての描画指標が準標準タイプ〔母子がともに半身／母親は大きい・子どもは普通／母子がともに非笑顔／抱く／母⇨子〕の事例，図3-16には形態とサイズが非標準タイプ〔母子がともに顔／母子がともに小さい〕，表情と身体接触が準標準タイプ〔母子がともに非笑顔／非接触〕，アイコンタクトは標準タイプ〔アイコンタクトなし〕の事例，図3-17には形態と表情が非標準タイプ〔母子がともに隠れている／母親は空白の顔・子どもは後ろ姿〕，身体接触は準標準タイプ〔非接触〕，アイコンタクトは標準タイプ〔アイコンタクトなし〕の事例を示した。

　この図3-14～図3-17に違いがあることは直観的にも了解可能である。すなわち，図3-14は笑顔で手をつなぐ母子が全身で描かれており，安定感のある

第1章 母子画の基礎的分析

表3-17 表現型の標準タイプ，準標準タイプ，非標準タイプの出現頻度

描画指標	タイプ	表現型	度数	%
形態	標準	母・全身　　　子・全身	465	81.6
	準標準	母・半身　　　子・全身 母・半身　　　子・半身 母・全身　　　子・半身	65	11.4
	非標準	母・顔　　　　子・顔	21	3.7
		母・全身　　　子・隠れている 母・半身　　　子・隠れている 母・半身　　　子・顔	9	1.6
		母・隠れている　子・隠れている	7	1.2
		母・顔　　　　子・全身 母・隠れている　子・全身	2	0.4
		母・顔　　　　子・隠れている	1	0.2
サイズ	標準	母・普通　　　子・普通	361	63.3
	準標準	母・普通　　　子・小さい 母・大きい　　子・普通	115	20.2
	非標準	母・大きい　　子・大きい	35	6.1
		母・小さい　　子・小さい	26	4.6
		隠れているため測定から除外	17	3.0
		母・普通　　　子・大きい 母・小さい　　子・普通	14	2.5
		母・大きい　　子・小さい	2	0.4
		母・小さい　　子・大きい	0	0.0
表情	標準	母・笑顔　　　子・笑顔	335	58.8
	準標準	母・非笑顔　　子・非笑顔	73	12.8
		母・笑顔　　　子・非笑顔 母・非笑顔　　子・笑顔	66	11.6
		母・空白の顔　子・空白の顔	61	10.7
	非標準	母・笑顔　　　子・空白の顔 母・非笑顔　　子・空白の顔 母・非笑顔　　子・後ろ姿 母・笑顔　　　子・後ろ姿	11	1.9
		母・後ろ姿　　子・後ろ姿	10	1.8
		母・後ろ姿　　子・非笑顔 母・空白の顔　子・非笑顔 母・空白の顔　子・笑顔 母・後ろ姿　　子・笑顔	7	1.2
		母・空白の顔　子・後ろ姿 母・後ろ姿　　子・空白の顔	7	1.2
身体接触	標準	手をつなぐ	313	54.9
	準標準	抱く	130	22.8
		非接触	121	21.2
	非標準	子からの接触	6	1.1
アイコンタクト	標準	アイコンタクトなし	337	59.1
	準標準	母⇔子	121	21.2
		母⇨子	79	13.9
	非標準	子⇨母	33	5.8

第Ⅲ部　母子画の基礎的研究

図3-14　表現型のすべてが標準タイプの母子画

図3-15　表現型のすべてが準標準タイプの母子画

図3-16　非標準タイプの含まれる母子画①

図3-17　非標準タイプの含まれる母子画②

母子画である。図3-15の大きい母親は泣き笑いの表情で、子どもは眠っているが特に違和感はなく、図3-14に比べるとむしろ豊かな情緒性を感じさせる。
　一方、図3-16の小さな顔だけがぽつんと描かれた母子画や、図3-17の空白の顔の人物と背中を向けた後ろ姿の人物が炬燵に入る姿は、直観的に何らかの問題を感じさせる。非標準タイプの描画指標が含まれた2例には、寂しさや回避的傾向といった「心の内容」が表象されていると思われる。このような非標準タイプの表現型に注目することが母子画解釈のポイントとなる。

第2節　母子画の描画パターンと母子画得点

1　描画パターンの設定

　第1節では表現型のタイプが解釈の着眼点となることを述べたが、描画テス

第1章　母子画の基礎的分析

トの特徴は結果が常に1つのまとまった形（Gestalt Form）として与えられることである（三上，1995）。つまり母子画の理解・解釈においても，描画指標ごとの表現型による理解から，さらにそれらを統合した描画パターンとしての理解に進むことが求められる。そこで本節では，描画指標間の関係から描画パターンを抽出し，統合的母子画解釈のための分析基準を検討することにした。

　母子画では，母親像と子ども像が個人の内的対象を表現しているとみなし，その関係性を読み取ることを重視する。言い換えれば，母子画では母親像と子ども像の関係性に注目した解釈が重要になる。ところで，母子関係においては母子の道具的関係（授乳，食事，生活習慣のしつけ，高価な贈り物など）よりも母子の心理的関係（愛撫，抱擁，母性的な世話，子どもの心の理解・受容，心のこもった贈り物など）が重要であることは，発達的研究・臨床研究において広く知られている。描画指標から描画パターンを抽出するにあたって考慮しなければならないことは，検査者が母子画から母子の心理的関係を容易に推測・了解できることであり，そのような描画指標を抽出することである。

　第1節で述べたように，本研究において設定した形態，サイズ，表情，身体接触，アイコンタクトの指標はいずれも被検者の「心の内容」を表象する重要なものである。しかし，この5つの描画指標の組み合わせは65536パターン[★3]となり，母子画を理解・解釈するパターンとしては実用的ではない。そこで，身体接触とアイコンタクト，表情を組み合わせた256[★4]の描画パターンを設定した。この3つの描画指標のうち，身体接触とアイコンタクトは母子間の「心の交流（情緒的コミュニケーション）」を表象し，いわばセットとして心の交流の有無，および濃淡が直観的に了解可能な指標である。一方，表情は描画に投映された母子像の「心の内容（感情）」が直観的に理解できる指標である。母子画の理解・解釈にあたって感情理解が重要なことは言うまでもない。そこで描画パターンは表情を軸に身体接触とアイコンタクトとの組み合わせとして設定した。

　表3-18に描画パターンの一例を示す。これは母子の表情がともに〔笑顔〕

★3　65536パターン；形態［母親4×子ども4］×サイズ［母親4×子ども4］×表情［母親4×子ども4］×身体接触4×アイコンタクト4
★4　256パターン；表情［母親4×子ども4］×身体接触4×アイコンタクト4

表 3-18　描画パターン

```
                                       ┌ a) 母⇔子
                          A) 抱く      │ b) 母⇨子
                                       │ c) 子⇨母
                                       └ d) なし

                                       ┌ a) 母⇔子
                          B) 手をつなぐ │ b) 母⇨子
                                       │ c) 子⇨母
  (1) 母親〔笑顔〕                      └ d) なし
      子ども〔笑顔〕
                                       ┌ a) 母⇔子
                          C) 子からの接触│ b) 母⇨子
                                       │ c) 子⇨母
                                       └ d) なし

                                       ┌ a) 母⇔子
                          D) 非接触    │ b) 母⇨子
                                       │ c) 子⇨母
                                       └ d) なし
```
（表情／身体接触／アイコンタクト）

の例である。

2　描画パターンの出現頻度

　256パターンすべての出現頻度は表3-19に示す。描画パターンは，母親像の表情と子ども像の表情を組み合わせた16通りごとに身体接触とアイコンタクトの組み合わせが示されている。今回の調査では256パターンのうち77パターンに該当者がみられた。表3-20には20名以上の出現頻度がみられた描画パターンをまとめた。

　1位のパターンは3つの描画指標の表現型がすべて標準タイプであり，「母親像と子ども像が正面を向いて手をつないでいる画」が母子画の基本パターンであることがわかる。また，1位から4位は表情がすべて〔母子がともに笑顔〕であり，その合計は256名（44.9％）であった。ここからも，表情は〔笑顔〕が大学生・短大生の基本であるといえる。なお，5位の〔空白の顔〕は母子像と子ども像を別々に解釈すれば「本当の自分を隠す傾向や逃避的な構えが特に

第1章　母子画の基礎的分析

表3-19-1　母子がともに笑顔のパターン

母表情	子表情	身体接触・アイコンタクト		度数	%
笑顔	笑顔	A)抱く	a)母⇔子	30	5.3
			b)母⇨子	14	2.5
			c)子⇨母	0	0.0
			d)なし	10	1.8
		B)手をつなぐ	a)母⇔子	52	9.1
			b)母⇨子	11	1.9
			c)子⇨母	12	2.1
			d)なし	141	24.7
		C)子からの接触	a)母⇔子	3	0.5
			b)母⇨子	0	0.0
			c)子⇨母	1	0.2
			d)なし	1	0.2
		D)非接触	a)母⇔子	17	3.0
			b)母⇨子	7	1.2
			c)子⇨母	3	0.5
			d)なし	33	5.8

表3-19-2　母子がともに非笑顔のパターン

母表情	子表情	身体接触・アイコンタクト		度数	%
非笑顔	非笑顔	A)抱く	a)母⇔子	1	0.2
			b)母⇨子	6	1.1
			c)子⇨母	2	0.4
			d)なし	5	0.9
		B)手をつなぐ	a)母⇔子	3	0.5
			b)母⇨子	2	0.4
			c)子⇨母	2	0.4
			d)なし	24	4.2
		C)子からの接触	a)母⇔子	0	0.0
			b)母⇨子	0	0.0
			c)子⇨母	0	0.0
			d)なし	0	0.0
		D)非接触	a)母⇔子	4	0.7
			b)母⇨子	5	0.9
			c)子⇨母	1	0.2
			d)なし	18	3.2

表3-19-3　母子がともに後ろ姿のパターン

母表情	子表情	身体接触・アイコンタクト		度数	%
後ろ姿	後ろ姿	A)抱く	a)母⇔子	0	0.0
			b)母⇨子	0	0.0
			c)子⇨母	0	0.0
			d)なし	0	0.0
		B)手をつなぐ	a)母⇔子	0	0.0
			b)母⇨子	0	0.0
			c)子⇨母	1	0.2
			d)なし	8	1.4
		C)子からの接触	a)母⇔子	0	0.0
			b)母⇨子	0	0.0
			c)子⇨母	0	0.0
			d)なし	0	0.0
		D)非接触	a)母⇔子	0	0.0
			b)母⇨子	0	0.0
			c)子⇨母	0	0.0
			d)なし	1	0.2

表3-19-4　母子がともに空白の顔のパターン

母表情	子表情	身体接触・アイコンタクト		度数	%
空白の顔	空白の顔	A)抱く	a)母⇔子	0	0.0
			b)母⇨子	3	0.5
			c)子⇨母	1	0.2
			d)なし	12	2.1
		B)手をつなぐ	a)母⇔子	0	0.0
			b)母⇨子	1	0.2
			c)子⇨母	4	0.7
			d)なし	28	4.9
		C)子からの接触	a)母⇔子	0	0.0
			b)母⇨子	0	0.0
			c)子⇨母	0	0.0
			d)なし	0	0.0
		D)非接触	a)母⇔子	2	0.4
			b)母⇨子	0	0.0
			c)子⇨母	1	0.2
			d)なし	9	1.6

表3-19-5　母親は笑顔・子どもは非笑顔のパターン

母表情	子表情	身体接触・アイコンタクト		度数	%
笑顔	非笑顔	A)抱く	a)母⇔子	2	0.4
			b)母⇨子	19	3.3
			c)子⇨母	1	0.2
			d)なし	10	1.8
		B)手をつなぐ	a)母⇔子	0	0.0
			b)母⇨子	2	0.4
			c)子⇨母	0	0.0
			d)なし	10	1.8
		C)子からの接触	a)母⇔子	0	0.0
			b)母⇨子	0	0.0
			c)子⇨母	0	0.0
			d)なし	0	0.0
		D)非接触	a)母⇔子	1	0.2
			b)母⇨子	0	0.0
			c)子⇨母	1	0.2
			d)なし	6	1.1

表3-19-6　母親は非笑顔・子どもは笑顔のパターン

母表情	子表情	身体接触・アイコンタクト		度数	%
非笑顔	笑顔	A)抱く	a)母⇔子	0	0.0
			b)母⇨子	1	0.2
			c)子⇨母	1	0.2
			d)なし	0	0.0
		B)手をつなぐ	a)母⇔子	1	0.2
			b)母⇨子	1	0.2
			c)子⇨母	0	0.0
			d)なし	6	1.1
		C)子からの接触	a)母⇔子	0	0.0
			b)母⇨子	0	0.0
			c)子⇨母	0	0.0
			d)なし	0	0.0
		D)非接触	a)母⇔子	0	0.0
			b)母⇨子	2	0.4
			c)子⇨母	0	0.0
			d)なし	3	0.5

第Ⅲ部　母子画の基礎的研究

表 3-19-7　母親は笑顔・子どもは後ろ姿のパターン

母表情	子表情	身体接触・アイコンタクト		度数	％
笑顔	後ろ姿	A)抱く	a)母⇔子	1	0.2
			b)母⇨子	2	0.4
			c)子⇨母	0	0.0
			d)なし	0	0.0
		B)手をつなぐ	a)母⇔子	0	0.0
			b)母⇨子	1	0.2
			c)子⇨母	0	0.0
			d)なし	0	0.0
		C)子からの接触	a)母⇔子	0	0.0
			b)母⇨子	1	0.2
			c)子⇨母	0	0.0
			d)なし	0	0.0
		D)非接触	a)母⇔子	0	0.0
			b)母⇨子	0	0.0
			c)子⇨母	0	0.0
			d)なし	1	0.2

表 3-19-8　母親は後ろ姿・子どもは笑顔のパターン

母表情	子表情	身体接触・アイコンタクト		度数	％
後ろ姿	笑顔	A)抱く	a)母⇔子	0	0.0
			b)母⇨子	0	0.0
			c)子⇨母	0	0.0
			d)なし	0	0.0
		B)手をつなぐ	a)母⇔子	0	0.0
			b)母⇨子	0	0.0
			c)子⇨母	0	0.0
			d)なし	0	0.0
		C)子からの接触	a)母⇔子	0	0.0
			b)母⇨子	0	0.0
			c)子⇨母	0	0.0
			d)なし	0	0.0
		D)非接触	a)母⇔子	0	0.0
			b)母⇨子	0	0.0
			c)子⇨母	0	0.0
			d)なし	1	0.2

表 3-19-9　母親は笑顔・子どもは空白の顔のパターン

母表情	子表情	身体接触・アイコンタクト		度数	％
笑顔	空白の顔	A)抱く	a)母⇔子	1	0.2
			b)母⇨子	1	0.2
			c)子⇨母	0	0.0
			d)なし	1	0.2
		B)手をつなぐ	a)母⇔子	0	0.0
			b)母⇨子	0	0.0
			c)子⇨母	0	0.0
			d)なし	0	0.0
		C)子からの接触	a)母⇔子	0	0.0
			b)母⇨子	0	0.0
			c)子⇨母	0	0.0
			d)なし	0	0.0
		D)非接触	a)母⇔子	0	0.0
			b)母⇨子	0	0.0
			c)子⇨母	0	0.0
			d)なし	0	0.0

表 3-19-10　母親は空白の顔・子どもは笑顔のパターン

母表情	子表情	身体接触・アイコンタクト		度数	％
空白の顔	笑顔	A)抱く	a)母⇔子	0	0.0
			b)母⇨子	0	0.0
			c)子⇨母	0	0.0
			d)なし	0	0.0
		B)手をつなぐ	a)母⇔子	0	0.0
			b)母⇨子	0	0.0
			c)子⇨母	0	0.0
			d)なし	1	0.2
		C)子からの接触	a)母⇔子	0	0.0
			b)母⇨子	0	0.0
			c)子⇨母	0	0.0
			d)なし	0	0.0
		D)非接触	a)母⇔子	0	0.0
			b)母⇨子	0	0.0
			c)子⇨母	0	0.0
			d)なし	0	0.0

表 3-19-11　母親は非笑顔・子どもは後ろ姿のパターン

母表情	子表情	身体接触・アイコンタクト		度数	％
非笑顔	後ろ姿	A)抱く	a)母⇔子	0	0.0
			b)母⇨子	0	0.0
			c)子⇨母	0	0.0
			d)なし	0	0.0
		B)手をつなぐ	a)母⇔子	0	0.0
			b)母⇨子	0	0.0
			c)子⇨母	0	0.0
			d)なし	0	0.0
		C)子からの接触	a)母⇔子	0	0.0
			b)母⇨子	0	0.0
			c)子⇨母	0	0.0
			d)なし	0	0.0
		D)非接触	a)母⇔子	1	0.2
			b)母⇨子	0	0.0
			c)子⇨母	0	0.0
			d)なし	0	0.0

表 3-19-12　母親は後ろ姿・子どもは非笑顔のパターン

母表情	子表情	身体接触・アイコンタクト		度数	％
後ろ姿	非笑顔	A)抱く	a)母⇔子	0	0.0
			b)母⇨子	0	0.0
			c)子⇨母	0	0.0
			d)なし	1	0.2
		B)手をつなぐ	a)母⇔子	0	0.0
			b)母⇨子	0	0.0
			c)子⇨母	0	0.0
			d)なし	0	0.0
		C)子からの接触	a)母⇔子	0	0.0
			b)母⇨子	0	0.0
			c)子⇨母	0	0.0
			d)なし	0	0.0
		D)非接触	a)母⇔子	0	0.0
			b)母⇨子	1	0.2
			c)子⇨母	0	0.0
			d)なし	1	0.2

表 3-19-13 母親は非笑顔・子どもは空白の顔のパターン

母表情	子表情	身体接触・アイコンタクト		度数	%
非笑顔	空白の顔	A)抱く	a)母⇔子	1	0.2
			b)母⇨子	0	0.0
			c)子⇨母	0	0.0
			d)なし	1	0.2
		B)手をつなぐ	a)母⇔子	0	0.0
			b)母⇨子	0	0.0
			c)子⇨母	0	0.0
			d)なし	0	0.0
		C)子からの接触	a)母⇔子	0	0.0
			b)母⇨子	0	0.0
			c)子⇨母	0	0.0
			d)なし	0	0.0
		D)非接触	a)母⇔子	0	0.0
			b)母⇨子	0	0.0
			c)子⇨母	0	0.0
			d)なし	0	0.0

表 3-19-14 母親は空白の顔・子どもは非笑顔のパターン

母表情	子表情	身体接触・アイコンタクト		度数	%
空白の顔	非笑顔	A)抱く	a)母⇔子	0	0.0
			b)母⇨子	1	0.2
			c)子⇨母	0	0.0
			d)なし	1	0.2
		B)手をつなぐ	a)母⇔子	0	0.0
			b)母⇨子	0	0.0
			c)子⇨母	0	0.0
			d)なし	0	0.0
		C)子からの接触	a)母⇔子	0	0.0
			b)母⇨子	0	0.0
			c)子⇨母	0	0.0
			d)なし	0	0.0
		D)非接触	a)母⇔子	0	0.0
			b)母⇨子	0	0.0
			c)子⇨母	0	0.0
			d)なし	0	0.0

表 3-19-15 母親は空白の顔・子どもは後ろ姿のパターン

母表情	子表情	身体接触・アイコンタクト		度数	%
空白の顔	後ろ姿	A)抱く	a)母⇔子	0	0.0
			b)母⇨子	0	0.0
			c)子⇨母	0	0.0
			d)なし	1	0.2
		B)手をつなぐ	a)母⇔子	1	0.2
			b)母⇨子	0	0.0
			c)子⇨母	0	0.0
			d)なし	0	0.0
		C)子からの接触	a)母⇔子	0	0.0
			b)母⇨子	0	0.0
			c)子⇨母	0	0.0
			d)なし	0	0.0
		D)非接触	a)母⇔子	0	0.0
			b)母⇨子	0	0.0
			c)子⇨母	0	0.0
			d)なし	2	0.4

表 3-19-16 母親は後ろ姿・子どもは空白の顔のパターン

母表情	子表情	身体接触・アイコンタクト		度数	%
後ろ姿	空白の顔	A)抱く	a)母⇔子	0	0.0
			b)母⇨子	0	0.0
			c)子⇨母	0	0.0
			d)なし	0	0.0
		B)手をつなぐ	a)母⇔子	0	0.0
			b)母⇨子	0	0.0
			c)子⇨母	1	0.2
			d)なし	1	0.2
		C)子からの接触	a)母⇔子	0	0.0
			b)母⇨子	0	0.0
			c)子⇨母	1	0.2
			d)なし	0	0.0
		D)非接触	a)母⇔子	0	0.0
			b)母⇨子	0	0.0
			c)子⇨母	0	0.0
			d)なし	0	0.0

表 3-20 出現頻度が 20 名以上の描画パターン

描画パターン〔表情／身体接触／アイコンタクト〕	出現頻度（%）
〔母子がともに笑顔／手をつなぐ／アイコンタクトなし〕	141 （24.7）
〔母子がともに笑顔／手をつなぐ／母⇔子〕	52 （9.1）
〔母子がともに笑顔／非接触／アイコンタクトなし〕	33 （5.8）
〔母子がともに笑顔／抱く／母⇔子〕	30 （5.3）
〔母子がともに空白の顔／手をつなぐ／アイコンタクトなし〕	28 （4.9）
〔母子がともに非笑顔／手をつなぐ／アイコンタクトなし〕	24 （4.2）

強い」（高橋・高橋，1991）とされるが，出現頻度が相対的に高いことは，〔母子がともに空白の顔〕として母子が一致することが心理的な問題を緩和することを示していると思われる。6位の〔母子がともに非笑顔〕のパターンも母子が一致しているという点では同様である。

　出現頻度が相対的に高いものに対し，出現頻度が1名以上10名未満の描画パターンは61パターンであった。これらを母子の表情を中心にみると，母親像と子ども像の表情が不一致のものが37パターン，〔母子がともに空白の顔〕または〔母子がともに後ろ姿〕が10パターン，〔母子がともに非笑顔〕が10パターン，〔母子がともに笑顔〕が4パターンであった。〔母子がともに笑顔〕の4パターンは，身体接触が〔子からの接触〕のパターンとアイコンタクトが〔子⇨母〕のパターンであった。

③ 描画パターンの数量化
（1）表現型の数量化

　ここでは描画指標の表現型を数量化し，描画パターンを得点化することを試みる。第1節の3項では描画指標の表現型を標準タイプ・準標準タイプ・非標準タイプに分類し，非標準タイプ（出現率の低い例外的な表現型）は標準から大きくはずれているという点で注意が必要であることを示した。本項ではこの考え方をさらに発展させて，描画パターンを得点化した母子画得点を作成する。これは母子画得点によって個人を全体の中に位置付け，対象関係の大まかな解釈（良好・問題なし・不良）を可能にしようとするものである。

　描画パターンの得点化は以下のように行った。描画パターンに含まれる表情・身体接触・アイコンタクトの表現型は，基礎資料の出現頻度と従来の描画の解釈仮説，対象関係論からの意味付けなどを基準に，筆者が順序尺度として数量化した（表3-21参照）。表情は最も望ましいと予測される〔母子がともに笑顔〕を1として，最も違和感の強い〔母親は空白の顔・子どもは後ろ姿／母親は後ろ姿・子どもは空白の顔〕を8とした。

　身体接触は最も濃密な関係を示すと思われる〔抱く〕を1，〔手をつなぐ〕を2とした。〔子からの接触〕は〔非接触〕よりも違和感が強く，ネガティブな意味を持つと想定されたので〔非接触〕が3，〔子からの接触〕を4とした。

表 3-21 表現型の数値

描画指標	表現型の数値
表情	〔母子がともに笑顔〕；1
	〔母親は笑顔・子どもは非笑顔〕〔母親は非笑顔・子どもは笑顔〕；2
	〔母子がともに非笑顔〕；3
	〔母親は笑顔・子どもは後ろ姿〕〔母親は後ろ姿・子どもは笑顔〕；4
	〔母子がともに空白の顔〕；5〔母子がともに後ろ姿〕；5
	〔母親は笑顔・子どもは空白の顔〕〔母親は非笑顔・子どもは空白の顔〕；5
	〔母親は後ろ姿・子どもは非笑顔〕；5
	〔母親は非笑顔・子どもは後ろ姿〕〔母親は空白の顔・子どもは非笑顔〕；6
	〔母親は空白の顔・子どもは笑顔〕；7
	〔母親は空白の顔・子どもは後ろ姿〕〔母親は後ろ姿・子どもは空白の顔〕；8
身体接触	〔抱く〕；1〔手をつなぐ〕；2〔非接触〕；3〔子からの接触〕；4
アイコンタクト	〔母⇔子〕；1〔母⇨子〕；2〔アイコンタクトなし〕；3〔子⇨母〕；4

アイコンタクトも同様の考えに基づいて最も濃密な関係が表現された〔母⇔子〕が1，次いで〔母⇨子〕が2，〔アイコンタクトなし〕が3，最も違和感のある〔子⇨母〕を4とした。このように数量化した3つの描画指標の得点を合計して母子画得点とした。母子画得点は数値が小さいほど良好で、数値が大きくなるにつれて不良，つまり対象関係に何らかの問題があることを示す。

(2) 母子画得点

母子画得点の出現頻度を表3-22に示し，図3-18にヒストグラムを示す。母子画得点は6点が30.5％（174名）で最も多く，ついで7点の14.0％（80名），4点の11.9％（68名），5点の10.5％（60名）であった。母子画得点の分布は3点が5.3％，4点～5点が22.4％，6点～9点が60.3％，10点～11点が10.5％，12点～16点が1.4％であった。母子画得点の分布と正規分布の適合度についてχ^2検定を行った結果，母子画得点の分布は正規分布とはみなされなかった（$\chi^2 = 82.4$, $df = 4$, $p < .000$）。これは10点～11点，12点～16点の出現率の低さが影響していると推測されるが，逆に母子画得点が12点以上を示す被検者は例外的であると考えられた。

表 3-22 母子画得点の出現頻度（出現率）

母子画得点	出現頻度	％
3	30	5.3
4	68	11.9
5	60	10.5
6	174	30.5
7	80	14.0
8	49	8.6
9	41	7.2
10	43	7.5
11	17	3.0
12	3	0.5
13	1	0.2
14	3	0.5
15	0	0.0
16	1	0.2

第Ⅲ部　母子画の基礎的研究

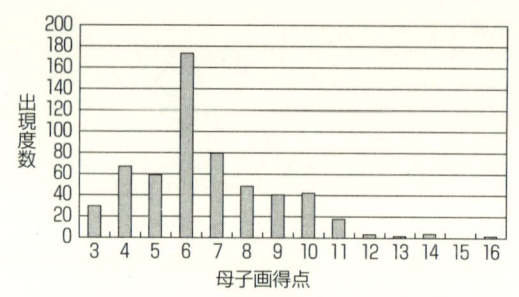

図3-18　母子画得点のヒストグラム

　表3-23は256の描画パターンを母子画得点の順に並べたものである。3点や12点以上の母子画得点は出現率が低いという結果から，被検者の対象関係について3点の場合は「良好」，12〜16点は「不良」として評価できる。また，暫定的に4〜5点は「やや良好」，6〜9点は「普通」，10〜11点は「やや不良」として具体的に描画パターンをあてはめて例示すると以下のようになる。

① 「良好」は〔母子がともに笑顔／抱く／母⇔子〕の1パターン
② 「やや良好」は〔母子がともに笑顔／手をつなぐ／母⇔子〕〔母親は笑顔・子どもは非笑顔／抱く／母⇨子〕などの12パターン
③ 「普通」は〔母子がともに笑顔／手をつなぐ／アイコンタクトなし〕〔母子がともに笑顔／非接触／アイコンタクトなし〕〔母子がともに非笑顔／手をつなぐ／アイコンタクトなし〕などの103パターン
④ 「やや不良」は〔母子がともに空白の顔／手をつなぐ／アイコンタクトなし〕〔母子がともに空白の顔／非接触／アイコンタクトなし〕などの75パターン
⑤ 「不良」は〔母親は空白の顔・子どもは笑顔／手をつなぐ／アイコンタクトなし〕〔母親は空白の顔・子どもは後ろ姿／非接触／アイコンタクトなし〕〔母親は後ろ姿・子どもは空白の顔／子からの接触／子⇨母〕などの65パターン

　母子画の解釈において母子画得点はあくまでも目安であるが，「不良」（12点以上）に該当する母子画は，より慎重に被検者の「心の内容」を理解する必要がある。

第1章 母子画の基礎的分析

表 3-23 母子画得点と描画パターン

母子画得点	母表情	子表情	身体接触	アイコンタクト	度数	%
3	笑顔	笑顔	抱く	母⇔子	30	5.3
4	笑顔	笑顔	手をつなぐ	母⇔子	52	9.1
4	笑顔	笑顔	抱く	母⇨子	14	2.5
4	笑顔	非笑顔	抱く	母⇔子	2	0.4
4	非笑顔	笑顔	抱く	母⇔子	0	0.0
5	笑顔	非笑顔	抱く	母⇔子	19	3.3
5	笑顔	笑顔	非接触	母⇔子	17	3.0
5	笑顔	笑顔	手をつなぐ	母⇨子	11	1.9
5	笑顔	笑顔	抱くた	なし	10	1.8
5	非笑顔	笑顔	抱く	母⇔子	1	0.2
5	笑顔	笑顔	手をつなぐ	母⇔子	1	0.2
5	笑顔	非笑顔	抱く	母⇨子	1	0.2
5	笑顔	非笑顔	手をつなぐ	母⇔子	0	0.0
6	笑顔	笑顔	手をつなぐ	なし	141	24.7
6	笑顔	非笑顔	抱く	なし	10	1.8
6	笑顔	笑顔	非接触	母⇨子	7	1.2
6	非笑顔	非笑顔	抱く	母⇔子	6	1.1
6	笑顔	笑顔	子からの接触	母⇔子	3	0.5
6	非笑顔	笑顔	手をつなぐ	母⇔子	3	0.5
6	笑顔	非笑顔	手をつなぐ	母⇨子	2	0.4
6	笑顔	笑顔	非接触	母⇨子	1	0.2
6	笑顔	後ろ姿	抱く	母⇔子	1	0.2
6	非笑顔	笑顔	抱く	なし	0	0.0
6	笑顔	笑顔	抱く	子⇨母	0	0.0
6	非笑顔	笑顔	手をつなぐ	母⇔子	0	0.0
6	非笑顔	笑顔	非接触	母⇔子	0	0.0
6	後ろ姿	笑顔	抱く	母⇔子	0	0.0
7	笑顔	笑顔	非接触	なし	33	5.8
7	笑顔	笑顔	手をつなぐ	子⇨母	12	2.1
7	笑顔	笑顔	手をつなぐ	なし	10	1.8
7	非笑顔	笑顔	手をつなぐ	なし	6	1.1
7	非笑顔	非笑顔	抱く	なし	5	0.9
7	笑顔	笑顔	非接触	母⇨子	4	0.7
7	非笑顔	笑顔	非接触	母⇔子	2	0.4
7	非笑顔	非笑顔	手をつなぐ	母⇨子	2	0.4
7	笑顔	後ろ姿	抱く	母⇨子	2	0.4
7	笑顔	非笑顔	抱く	子⇨母	1	0.2
7	非笑顔	笑顔	抱く	子⇨母	1	0.2
7	笑顔	空白の顔	抱く	母⇔子	1	0.2
7	非笑顔	空白の顔	抱く	母⇨子	1	0.2
7	笑顔	非笑顔	非接触	母⇨子	0	0.0
7	後ろ姿	笑顔	子からの接触	母⇨子	0	0.0
7	笑顔	非笑顔	子からの接触	母⇨子	0	0.0
7	笑顔	笑顔	子からの接触	母⇨子	0	0.0
7	笑顔	後ろ姿	手をつなぐ	母⇨子	0	0.0
7	後ろ姿	笑顔	手をつなぐ	母⇨子	0	0.0
7	後ろ姿	後ろ姿	抱く	母⇨子	0	0.0
7	空白の顔	空白の顔	抱く	母⇨子	0	0.0
7	後ろ姿	笑顔	抱く	母⇨子	0	0.0
8	非笑顔	非笑顔	手をつなぐ	なし	24	4.2
8	笑顔	非笑顔	非接触	なし	6	1.1
8	非笑顔	笑顔	非接触	母⇨子	5	0.9
8	非笑顔	笑顔	非接触	なし	3	0.5
8	笑顔	非笑顔	非接触	子⇨母	3	0.5
8	空白の顔	空白の顔	抱く	母⇨子	3	0.5
8	非笑顔	非笑顔	抱く	子⇨母	2	0.4
8	笑顔	笑顔	子からの接触	なし	1	0.2
8	笑顔	後ろ姿	手をつなぐ	母⇨子	1	0.2
8	笑顔	空白の顔	抱く	母⇨子	1	0.2
8	笑顔	後ろ姿	抱く	なし	0	0.0
8	後ろ姿	笑顔	抱く	なし	0	0.0
8	笑顔	非笑顔	手をつなぐ	子⇨母	0	0.0
8	非笑顔	笑顔	手をつなぐ	子⇨母	0	0.0

	母	子	接触	視線	人数	%
8	笑顔	非笑顔	子からの接触	母⇨子	0	0.0
	非笑顔	笑顔	子からの接触	母⇨子	0	0.0
	後ろ姿	笑顔	手をつなぐ	母⇨子	0	0.0
	後ろ姿	後ろ姿	抱く	母⇨子	0	0.0
	非笑顔	空白の顔	抱く	母⇨子	0	0.0
	後ろ姿	非笑顔	抱く	母⇨子	0	0.0
	笑顔	後ろ姿	非接触	母⇔子	0	0.0
	後ろ姿	笑顔	非接触	母⇔子	0	0.0
	非笑顔	非笑顔	子からの接触	母⇔子	0	0.0
	後ろ姿	後ろ姿	手をつなぐ	母⇔子	0	0.0
	笑顔	空白の顔	手をつなぐ	母⇔子	0	0.0
	非笑顔	空白の顔	手をつなぐ	母⇔子	0	0.0
	空白の顔	空白の顔	手をつなぐ	母⇔子	0	0.0
	後ろ姿	非笑顔	手をつなぐ	母⇔子	0	0.0
	非笑顔	後ろ姿	抱く	母⇔子	0	0.0
	空白の顔	非笑顔	抱く	母⇔子	0	0.0
9	非笑顔	非笑顔	非接触	なし	18	3.2
	空白の顔	空白の顔	抱く	なし	12	2.1
	非笑顔	非笑顔	手をつなぐ	子⇨母	2	0.4
	空白の顔	非笑顔	非接触	母⇨子	2	0.4
	笑顔	空白の顔	抱く	なし	1	0.2
	非笑顔	空白の顔	抱く	なし	1	0.2
	後ろ姿	非笑顔	抱く	なし	1	0.2
	笑顔	非笑顔	非接触	子⇨母	1	0.2
	笑顔	笑顔	子からの接触	子⇨母	1	0.2
	空白の顔	非笑顔	手をつなぐ	母⇨子	1	0.2
	空白の顔	非笑顔	抱く	母⇨子	1	0.2
	笑顔	非笑顔	子からの接触	なし	0	0.0
	笑顔	子からの接触	なし		0	0.0
	笑顔	後ろ姿	手をつなぐ	なし	0	0.0
	後ろ姿	笑顔	手をつなぐ	なし	0	0.0
	非笑顔	笑顔	非接触	子⇨母	0	0.0
	笑顔	後ろ姿	抱く	子⇨母	0	0.0
	後ろ姿	笑顔	抱く	子⇨母	0	0.0
	笑顔	後ろ姿	非接触	母⇨子	0	0.0
	後ろ姿	笑顔	非接触	母⇨子	0	0.0
	非笑顔	非笑顔	子からの接触	母⇨子	0	0.0
	後ろ姿	後ろ姿	手をつなぐ	母⇨子	0	0.0
	笑顔	空白の顔	手をつなぐ	母⇨子	0	0.0
	非笑顔	空白の顔	手をつなぐ	母⇨子	0	0.0
	非笑顔	後ろ姿	抱く	母⇨子	0	0.0
	後ろ姿	後ろ姿	非接触	母⇔子	0	0.0
	笑顔	空白の顔	非接触	母⇔子	0	0.0
	非笑顔	空白の顔	非接触	母⇔子	0	0.0
	後ろ姿	非笑顔	非接触	母⇔子	0	0.0
	笑顔	後ろ姿	子からの接触	母⇔子	0	0.0
	非笑顔	後ろ姿	子からの接触	母⇔子	0	0.0
	空白の顔	非笑顔	手をつなぐ	母⇔子	0	0.0
	空白の顔	笑顔	抱く	母⇔子	0	0.0
10	空白の顔	空白の顔	手をつなぐ	なし	28	4.9
	後ろ姿	後ろ姿	非接触	なし	8	1.4
	笑顔	後ろ姿	非接触	なし	1	0.2
	後ろ姿	笑顔	非接触	なし	1	0.2
	空白の顔	非笑顔	抱く	なし	1	0.2
	非笑顔	非笑顔	非接触	子⇨母	1	0.2
	空白の顔	空白の顔	抱く	子⇨母	1	0.2
	後ろ姿	非笑顔	非接触	母⇨子	1	0.2
	非笑顔	後ろ姿	非接触	母⇔子	1	0.2
	非笑顔	非笑顔	子からの接触	なし	0	0.0
	笑顔	空白の顔	手をつなぐ	なし	0	0.0
	非笑顔	空白の顔	手をつなぐ	なし	0	0.0
	後ろ姿	非笑顔	手をつなぐ	なし	0	0.0
	非笑顔	後ろ姿	抱く	なし	0	0.0
	笑顔	非笑顔	子からの接触	子⇨母	0	0.0
	非笑顔	笑顔	子からの接触	子⇨母	0	0.0

第1章 母子画の基礎的分析

10	笑顔	後ろ姿	手をつなぐ	子⇨母	0	0.0
	後ろ姿	笑顔	手をつなぐ	子⇨母	0	0.0
	後ろ姿	後ろ姿	抱く	子⇨母	0	0.0
	笑顔	空白の顔	抱く	子⇨母	0	0.0
	非笑顔	空白の顔	抱く	子⇨母	0	0.0
	後ろ姿	非笑顔	抱く	子⇨母	0	0.0
	後ろ姿	後ろ姿	非接触	母⇨子	0	0.0
	笑顔	空白の顔	非接触	母⇨子	0	0.0
	非笑顔	空白の顔	非接触	母⇨子	0	0.0
	空白の顔	空白の顔	非接触	母⇨子	0	0.0
	笑顔	後ろ姿	子からの接触	母⇨子	1	0.2
	後ろ姿	笑顔	子からの接触	母⇨子	0	0.0
	非笑顔	後ろ姿	手をつなぐ	母⇨子	0	0.0
	空白の顔	非笑顔	手をつなぐ	母⇨子	0	0.0
	空白の顔	笑顔	抱く	母⇨子	0	0.0
	空白の顔	非笑顔	非接触	母⇔子	0	0.0
	後ろ姿	空白の顔	子からの接触	母⇔子	0	0.0
	笑顔	空白の顔	子からの接触	母⇔子	0	0.0
	非笑顔	空白の顔	子からの接触	母⇔子	0	0.0
	空白の顔	空白の顔	子からの接触	母⇔子	0	0.0
	後ろ姿	非笑顔	子からの接触	母⇔子	0	0.0
	空白の顔	笑顔	手をつなぐ	母⇔子	0	0.0
	空白の顔	後ろ姿	抱く	母⇔子	0	0.0
	後ろ姿	空白の顔	抱く	母⇔子	0	0.0
11	空白の顔	空白の顔	非接触	なし	9	1.6
	空白の顔	空白の顔	手をつなぐ	子⇨母	4	0.7
	後ろ姿	後ろ姿	非接触	なし	1	0.2
	空白の顔	非笑顔	非接触	なし	1	0.2
	後ろ姿	空白の顔	手をつなぐ	子⇨母	1	0.2
	空白の顔	空白の顔	手をつなぐ	母⇔子	1	0.2
	笑顔	空白の顔	非接触	なし	0	0.0
	非笑顔	空白の顔	非接触	なし	0	0.0
	笑顔	後ろ姿	子からの接触	なし	0	0.0
	後ろ姿	笑顔	子からの接触	なし	0	0.0
	非笑顔	後ろ姿	手をつなぐ	なし	0	0.0
	空白の顔	非笑顔	手をつなぐ	なし	0	0.0
	空白の顔	笑顔	抱く	なし	0	0.0
	笑顔	後ろ姿	非接触	子⇨母	0	0.0
	後ろ姿	笑顔	非接触	子⇨母	0	0.0
	非笑顔	非笑顔	子からの接触	子⇨母	0	0.0
	笑顔	空白の顔	手をつなぐ	子⇨母	0	0.0
	非笑顔	空白の顔	手をつなぐ	子⇨母	0	0.0
	後ろ姿	非笑顔	手をつなぐ	子⇨母	0	0.0
	非笑顔	後ろ姿	抱く	子⇨母	0	0.0
	空白の顔	非笑顔	抱く	子⇨母	0	0.0
	非笑顔	後ろ姿	非接触	母⇨子	0	0.0
	空白の顔	非笑顔	非接触	母⇨子	0	0.0
	後ろ姿	後ろ姿	子からの接触	母⇨子	0	0.0
	笑顔	空白の顔	子からの接触	母⇨子	0	0.0
	非笑顔	空白の顔	子からの接触	母⇨子	0	0.0
	空白の顔	空白の顔	子からの接触	母⇨子	0	0.0
	後ろ姿	非笑顔	子からの接触	母⇨子	0	0.0
	空白の顔	笑顔	手をつなぐ	母⇨子	0	0.0
	空白の顔	後ろ姿	抱く	母⇨子	0	0.0
	後ろ姿	空白の顔	抱く	母⇨子	0	0.0
	空白の顔	笑顔	非接触	母⇔子	0	0.0
	空白の顔	後ろ姿	子からの接触	母⇔子	0	0.0
	空白の顔	非笑顔	子からの接触	母⇔子	0	0.0
	後ろ姿	空白の顔	手をつなぐ	母⇔子	0	0.0
12	空白の顔	笑顔	手をつなぐ	なし	1	0.2
	空白の顔	後ろ姿	抱く	なし	1	0.2
	空白の顔	空白の顔	非接触	子⇨母	1	0.2
	非笑顔	後ろ姿	非接触	なし	0	0.0
	空白の顔	非笑顔	非接触	なし	0	0.0
	後ろ姿	後ろ姿	子からの接触	なし	0	0.0
	笑顔	空白の顔	子からの接触	なし	0	0.0
	非笑顔	空白の顔	子からの接触	なし	0	0.0
	空白の顔	空白の顔	子からの接触	なし	0	0.0

第Ⅲ部 母子画の基礎的研究

	母	子	接触	方向	数	%
12	後ろ姿	非笑顔	子からの接触	なし	0	0.0
	後ろ姿	空白の顔	抱く	なし	0	0.0
	後ろ姿	後ろ姿	非接触	子⇨母	0	0.0
	笑顔	空白の顔	非接触	子⇨母	0	0.0
	非笑顔	空白の顔	非接触	子⇨母	0	0.0
	後ろ姿	非笑顔	非接触	子⇨母	0	0.0
	笑顔	後ろ姿	子からの接触	子⇨母	0	0.0
	後ろ姿	笑顔	子からの接触	子⇨母	0	0.0
	非笑顔	非笑顔	手をつなぐ	子⇨母	0	0.0
	空白の顔	後ろ姿	手をつなぐ	子⇨母	0	0.0
	空白の顔	笑顔	抱く	子⇨母	0	0.0
	空白の顔	笑顔	非接触	母⇨子	0	0.0
	非笑顔	後ろ姿	子からの接触	母⇨子	0	0.0
	空白の顔	非笑顔	子からの接触	母⇨子	0	0.0
	空白の顔	後ろ姿	手をつなぐ	母⇨子	0	0.0
	後ろ姿	空白の顔	手をつなぐ	母⇨子	0	0.0
	空白の顔	後ろ姿	非接触	母⇔子	0	0.0
	後ろ姿	空白の顔	非接触	母⇔子	0	0.0
	空白の顔	笑顔	子からの接触	母⇔子	0	0.0
13	後ろ姿	空白の顔	手をつなぐ	なし	1	0.2
	後ろ姿	空白の顔	抱く	子⇨母	0	0.0
	空白の顔	笑顔	非接触	なし	0	0.0
	非笑顔	後ろ姿	子からの接触	なし	0	0.0
	空白の顔	非笑顔	子からの接触	なし	0	0.0
	空白の顔	後ろ姿	手をつなぐ	なし	0	0.0
	非笑顔	非笑顔	非接触	子⇨母	0	0.0
	空白の顔	非笑顔	非接触	子⇨母	0	0.0
	後ろ姿	後ろ姿	子からの接触	子⇨母	0	0.0
	笑顔	空白の顔	子からの接触	子⇨母	0	0.0
	非笑顔	空白の顔	子からの接触	子⇨母	0	0.0
	後ろ姿	非笑顔	子からの接触	子⇨母	0	0.0
	空白の顔	笑顔	手をつなぐ	子⇨母	0	0.0
	空白の顔	後ろ姿	抱く	子⇨母	0	0.0
	空白の顔	後ろ姿	非接触	母⇨子	0	0.0
	後ろ姿	空白の顔	非接触	母⇨子	0	0.0
	空白の顔	笑顔	子からの接触	母⇨子	0	0.0
	空白の顔	後ろ姿	子からの接触	母⇔子	0	0.0
14	後ろ姿	空白の顔	子からの接触	母⇔子	0	0.0
	空白の顔	後ろ姿	非接触	なし	2	0.4
	後ろ姿	空白の顔	手をつなぐ	子⇨母	1	0.2
	後ろ姿	空白の顔	非接触	なし	0	0.0
	空白の顔	笑顔	子からの接触	なし	0	0.0
	空白の顔	笑顔	非接触	子⇨母	0	0.0
	非笑顔	後ろ姿	子からの接触	子⇨母	0	0.0
	空白の顔	非笑顔	子からの接触	子⇨母	0	0.0
	空白の顔	後ろ姿	手をつなぐ	子⇨母	0	0.0
	空白の顔	後ろ姿	子からの接触	母⇨子	0	0.0
	後ろ姿	空白の顔	子からの接触	母⇨子	0	0.0
15	空白の顔	後ろ姿	子からの接触	なし	0	0.0
	空白の顔	空白の顔	子からの接触	なし	0	0.0
	空白の顔	空白の顔	非接触	子⇨母	0	0.0
	後ろ姿	空白の顔	非接触	子⇨母	0	0.0
16	空白の顔	笑顔	子からの接触	子⇨母	0	0.0
	空白の顔	後ろ姿	子からの接触	子⇨母	0	0.0
	後ろ姿	空白の顔	子からの接触	子⇨母	1	0.2

第3節　母子画の信頼性

　心理検査として母子画を利用するためには，信頼性の検討が必要である。そこで本節では母子画の信頼性について検討する。

　一般的に心理検査の信頼性を評価する方法には，内的整合性を用いる方法，平行検査法，再検査法がある。描画テストの場合には，測定された描画指標がどの程度安定性を備えているかという視点からの再検査信頼性の研究が重要である。再検査法は同じ検査を2回実施したときの項目間の相関を求める方法であるが，このような場合にはどのような間隔で検査－再検査を行うかが問題となる。検査－再検査の間隔が短ければ前回の記憶が2回目の検査に影響する可能性が考えられ，逆に間隔が長ければ被検者自身の精神状態や環境要因の変化が検査に反映される可能性がある。そこで本研究では4週間の間隔で再検査を実施することにした。

1　方法

　対象：被検者は4年生大学の学生121名（男性31名，女性90名）であった。年齢は19－26歳，男性の平均年齢が21.2歳（$SD=1.7$），女性の平均年齢が20.4歳（$SD=0.9$）であった。

　手続き：母子画は集団法で行った。1回目（＃1）の実施後，4週間の間隔をあけて2回目（＃2）を実施した。母子画は母子像の種類，母親像の形態，子ども像の形態，母親像のサイズ，子ども像のサイズ，母親像の表情，子ども像の表情，身体接触，アイコンタクトの合計9項目について評価した。

2　結果

(1) 描画指標の一致率

　描画指標は，2×2分割表ではϕ係数，それ以上の分割表ではCramerの連関係数を求めてχ^2検定を行った。表3-24に検査－再検査の一致率，ϕ係数およびCramerの連関係数（連関係数）と検定結果を示す。ここでの表現型一致率とは＃1で人間の母子像を描いた人が＃2でも人間の母子像を描く割合を意

第Ⅲ部　母子画の基礎的研究

表 3-24　検査－再検査の一致率

			表現型	表現型一致率（%）	指標一致率（%）	φ係数・連関係数
描画指標	母子像の種類		人間 動物／抽象	100.0 50.0	99.2	.704＊＊＊
	形態	母親像	全身 半身 顔 隠れている	87.9 41.1 33.3 0.0	75.6	.329＊＊＊
		子ども像	全身 半身 顔 隠れている	89.0 62.5 25.0 0.0	80.7	.379＊＊＊
	サイズ	母親像	小さい 普通 大きい	60.0 78.4 66.0	75.4	.443＊＊＊
		子ども像	小さい 普通 大きい	43.7 72.6 33.7	64.5	.248＊＊
	表情	母親像	笑顔 非笑顔 後ろ姿 空白の顔	85.7 35.3 0.0 66.7	73.9	.462＊＊＊
		子ども像	笑顔 非笑顔 後ろ姿 空白の顔	74.0 50.0 0.0 61.9	65.5	.450＊＊＊
	身体接触		抱く 手をつなぐ 子からの接触 非接触	35.4 49.2 20.0 65.0	46.2	.252＊＊＊
	アイコンタクト		母⇔子 母⇨子 子⇨母 なし	58.6 23.5 0.0 71.8	56.3	.305＊＊＊

＊＊ $p<.01$　＊＊＊ $p<.001$

味し，指標一致率とは描画指標全体で＃1と同じ表現型を描いた人の割合を意味している。検定は指標一致率について行った。その結果，すべての項目が有意であった。

　表現型一致率が低い項目は，出現率の低い表現型が中心であった。指標一致率では身体接触が全項目の中で最も低く，46.2％であった。そこで〔抱く〕〔手をつなぐ〕〔子からの接触〕の表現型をまとめて〔接触〕とし，〔接触／非接触〕の視点から再度検討した。その結果，身体接触の一致率は73.9％とな

り，φ係数は.341であった。
 (2) 母子画得点の相関
 ＃1と＃2の母子画得点の相関係数を求めた。その結果，相関係数は.476（$p<.01$）であり，＃1と＃2の母子画得点には中程度の相関が認められた。

3 考察

＃1と＃2の指標一致率は46.2％～99.2％と幅があるものの，9指標のうち7指標が60％以上の一致率を示した。また，母子画得点でも中程度の相関が認められた。これらの結果により，被検者は検査−再検査で概ね同じ母子画を描いたとみなされ，母子画の信頼性は確認されたと考えられる。

心理検査として母子画を利用するためには，信頼性の研究とともに妥当性の研究が必要である。よって第2章では母子画の描画指標と心理検査との関連を調査し，描画指標の妥当性について検討する。

第2章

母子画と心理検査

第1節　心理検査

1　成人版愛着スタイル尺度

　笑顔の母子像は，被検者と母親の関係が笑みを浮かべるような心地よい体験であったことを象徴し，母子像の身体接触や見つめ合うアイコンタクトは被検者と母親の間に心の絆が結ばれていることを象徴すると仮定される。さらに，母親が子どもを抱く姿はWinnicott（1986）の「抱える環境」，あるいはBion（1962）の「コンテイナー（受け皿）とコンテインド（収納物）」を連想させる。

　これらの仮説を検討するにあたって，身体接触や見つめ合うアイコンタクトが象徴する心の絆は，母親との間で形成された「愛着」（Bowlby，1973）であり，愛着が形成されるような母親の対応はコンテイナーの機能であると考えられる。また，Bowlbyの「人は愛着対象との間の具体的な体験によって乳幼児期に内的作業モデルを形成し，それに基づいてその後の出来事の知覚，未来の予測，行動を決定する」という内的作業モデルの仮説は，Bowlby自身が言うように対象関係論をシステム理論の視点から記述し直した概念である。よって被検者の内的作業モデルを理解することは，被検者の対象関係を理解することになる。

　内的作業モデルの実証的研究は，Ainsworth, Blehar, Waters & Wall（1978）の乳幼児を対象にした研究により発展した。近年の内的作業モデルの

研究は，尺度の開発とともに表象レベルの研究へと進展し，内的作業モデルが現実の対人関係と関連することが報告されている（Hazan & Shaver, 1987；Kobak & Sceery, 1988；Sperling, Foelsch & Grace, 1996；戸田，1990)。日本ではHazan & Shaverの質問紙を改良した成人版愛着スタイル尺度が詫摩・戸田（1988）によって作成され，多くの内的作業モデルの研究に利用されている。そこで本研究では成人版愛着スタイル尺度を用いて，被検者の内的作業モデル，つまり対象関係を把握し，被検者の対象関係が母子像の表情や身体接触に象徴されるという仮説について検討する。

成人版愛着スタイル尺度（愛着尺度）の項目は表3-25に示す通りであり，Ainsworth, Blehar, Waters & Wall (1978)，Hazan & Shaver (1987) の研究をふまえて，愛着尺度の各因子の意味を次のようにまとめた。

secure因子（親しみやすさ・信頼）：「私はわりあいにたやすく人と親しくなる方だと思う」「私は人より知り合いができやすい方だ」といった，他者への親しみやすさに関する因子である。高いsecure因子は，愛着対象から適切で一

表 3-25 成人版愛着スタイル尺度の項目（詫摩・戸田，1988）

愛着尺度の項目
secure 因子
・私はわりあいにたやすく人と親しくなる方だと思う。
・私は人より知り合いができやすい方だ。
・私は人に好かれやすい性質だと思う。
・たいていの人は私を好いていてくれていると思う。
・私は気楽に頼ったり頼られたりすることができる。
・どんなことがあっても，友達は私を見捨てたりしないと思う。
anxious／ambivalent 因子
・人は，本当はいやいやながら私と親しくしてくれているのではないかと思うことがある。
・私は時々，友達が本当は私を好いてくれていないのではないかとか，私と一緒にいたくないのではないかと心配になる。
・私は自分を信用できないことがよくある。
・私はあまり自分に自信を持てない方である。
・私は誤解されやすい方だ。
・私はいつも人と一緒にいたがるので，時々人からうとまれてしまう。
avoidant 因子
・人に頼るのは好きではない。
・私は人に頼らなくても，自分ひとりで十分にうまくやっていくことができると思う。
・人にあまり親しくされたり，こちらが望む以上に親しくなることを求められると，イライラしてしまう。
・私はあまり人と親しくなるのが好きではない。
・人は全面的に信用できないと思う。
・生涯つきあっていきたいと思うような友人はほとんどいない。

貫した養育を受けた結果,対象との安定した愛着が形成されたこと,また他者への信頼感や人とかかわる時に相互依存的・親和的な心地よい関係を築けるだろうと期待する内的作業モデルが存在することを意味する。

anxious/ambivalent因子(不安／アンビバレント):「人は,本当はいやいやながら私と親しくしてくれているのではないかと思うことがある」といった不安に関する因子である。anxious /ambivalent因子の高さは,愛着対象から拒否されないまでも一貫性のないかかわりを受けた結果,自他を信用できない存在として捉える内的作業モデルが形成されたことを意味する。

avoidant因子(回避):「私は人に頼らなくても,自分ひとりで十分にうまくやっていくことができると思う」「私はあまり人と親しくなるのが好きではない」といった項目から構成されている。avoidant因子の高さは,愛着対象から無視や拒否を受けたことにより,他者との関係を回避するような内的作業モデルが成立していることを意味する。

2 構成的文章完成法

私たちは日常生活での活動や振る舞いの中に自分の内的世界を無意識に表出していることが多く,内的世界での体験や感覚をそのまま外界の現実に持ち込み,それがあたかも現実の認識であるように混同している(松木,1996a)。被検者の内的世界を表象する母親像と子ども像の間に身体接触やアイコンタクトのような心の交流がみられ,心の絆が形成されていると判断された人は,内的世界の信頼感を現実の対人関係にも持ちこみ,現実の対人関係を肯定的に捉えると予想される。本研究ではこのような母子画の解釈を検討するために構成的文章完成法を用いた。

文章完成法は,単語や未完成の短文を刺激語として,連想された文章からパーソナリティ特性を判断しようとする心理検査で,臨床場面では利用されることが多い。なかでも,構成的文章完成法(K-SCT)は対人関係の様相に焦点を当てた検査であり,被検者の対人態度を肯定感情,否定感情,両価感情,積極感情,消極感情,防衛感情に分類して数量化することが特徴である。

K-SCTは対人態度,反応様式,問題の原因,願望の4領域(36項目)から被検者の対人関係を把握する検査であるが,本研究では被検者への負担を配慮

表3-26　K-SCT　対人態度の刺激文

対人態度の刺激文	
1. 父についての最初の思い出は	7. 父といるとき，いつも感じたことは
2. 母といるとき感じるのは	8. 母についての最初の思い出は
3. 男の人に会うとき，私は	9. 彼に対して私がとった態度は
4. 彼女に対して私がとった態度は	10. 女の人に会うとき，私は
5. 人に会って，たいてい感じることは	11. 人に紹介されるとき，私は
6. 人から命令されると，私は	12. 権威のある人は

して対人態度の12項目（表3-26参照）のみを利用することにした。片口・早川（1989）による各感情の特徴を以下にまとめた。

　肯定感情：肯定感情の高さは，自己の環境を肯定的に受け入れ，積極的にせよ受動的にせよ適応的であることを示す。積極的な愛情や受容的態度，尊敬，信頼感などのほか，受動的な側面では甘え，依存，安心，服従などがここに含まれる。肯定感情の高い人は対人関係もよく協調的であって，現実的にものごとに対処できる人である。

　否定感情：否定感情は肯定感情と対極にあり，この数値が高い場合には環境になじめず非協力的で対人的にも孤立しやすく，場合によっては環境不適応に陥ることもある。能動的な否定感情には攻撃や敵意，軽蔑，批判，拒絶，受動的な否定感情には心配や罪悪感，恐れ，逃避，自閉などが含まれる。

　両価感情：両価感情は1つの反応文の中に肯定感情と否定感情が同時的あるいは継時的にみられる反応，またいわゆる両価的な感情だけでなくより広い意味での葛藤を含む反応に対してスコアされる。よって，両価感情の高さはものごとの決定にあたって迷いが多く，対人関係では葛藤を抱きやすいことを示す。

　積極感情：積極感情は肯定・否定を問わず積極的な態度が表現された場合にスコアされる。よって，この数値の高い人は心的エネルギーが旺盛で，積極的に周囲を肯定し関与する，逆に否定的な場合には攻撃的になることもある。

　消極感情：積極感情とは逆に，肯定・否定を問わず他者への消極的，受動的な態度に対してスコアされる。この数値の高い人は意見なども控えめで，そのため不満を抑圧しやすい。しかしこのタイプの人が必ずしも不適応的であるとは言えず，自分なりに環境に順応していることも多い。

　防衛感情：防衛感情は，被検者が自分の感情を表明することにためらいがあ

ると判断された場合にスコアされる。防衛感情があまりに高い場合は，被検者が緊張したり不自然な状態にあり，自己防衛的であることが予想できる。また，警戒心が強い場合や検査に抵抗感を抱く場合にも高くなる。

③ 東大式エゴグラム

北山（2001）はBionのコンテインの能力について「相手が自分に怒りや愛情をぶつけてくる際に，器や受け皿としてそれを受け止めて解きほぐし，取り扱いやすいものにして返すという仕事であり，乳児にとっては母親が行い，患者にとっては治療者が行うことが期待される」（p. 34）と述べている。子どもから母親へと感情が伝わり，母親はそれを穏やかに戻し，子どもがまたそれを取り入れる。日々の相互的・循環的な交流を通じて子どもは安定した心の世界を発達させ，同時に母親のコンテインの能力を取り入れる。母親像と子ども像が互いに見つめ合うアイコンタクトは，このような相互的・循環的な交流を象徴するのではないかと予想される。

このような仮説を検討するにあたり，本研究ではエゴグラムを用いることにした。エゴグラムの基礎となる交流分析理論（Berne, 1964）では，心のありようを批判的な親の自我状態，養育的な親の自我状態，大人の自我状態，自由な子どもの自我状態，順応した子どもの自我状態の5つに分けて分析する。親の自我状態は，幼い時に父母やそれに準ずるような人たちが考えたり，行動したことがメッセージとなってその人の中に取り入れられたものである。順応した子どもの自我状態は，人生早期に周囲の人たち（特に母親）の愛情を失わないために，子どもなりに身に付けた処世術であると考えられている（東京大学医学部心療内科，1995）。交流分析理論は精神分析の口語版とも呼ばれ，自我状態には取り入れの概念が明記されている。本研究では母子画と父母から取り入れられた自我状態の関連を調べることにより，上記の仮説について検討する。

エゴグラムは日本で開発された東大式エゴグラム（TEG）を用いることとし，各自我状態の高低から把握できる人格特性（東京大学医学部心療内科，1995）を以下にまとめた。

批判的な親の自我状態（Critical Parent；CP）：この自我状態が高い人は親の批判的・懲罰的なメッセージを取り入れた人で，自分や相手に対して批判的な

厳しい姿勢で接する。また，義務感や責任感の強い努力家であるが，あまりに高い場合は押し付けや決め付けが強くなり，柔軟性に欠けることを意味する。

　養育的な親の自我状態（Nurturing Parent；NP）：NPの高い人は親の共感性や養育的な態度を取り入れ，他者へも共感や奉仕精神で接する人である。しかしNPが過剰になると，過保護や過干渉になって相手の自主性を損なうことにもつながる。

　大人の自我状態（Adult；A）：客観性や合理性についての尺度で，Aの高さは客観的・合理的で冷静沈着な態度を有することを意味する。しかし高すぎるAは機械的・打算的な態度を示す。

　自由な子どもの自我状態（Free Child；FC）：FCは生命の源といえるような部分で，自己中心性，感情，好奇心，創造性などに関連する。FCが高い場合は天真爛漫で活発，自己中心的，感情的，直感的であることを示す。

　順応した子どもの自我状態（Adapted Child；AC）：FCが本能的部分であるのに対し，ACは親たちの期待に添うように常に周囲に気がねをして自由な感情を抑える「いい子」の部分である。ACが高い場合は，協調性が高く人に従順であることを示すが，言い換えれば主体性がなく迎合的な態度を意味する。

第2節　母子画と心理検査

　本節では描画指標の各表現型，標準・準標準・非標準タイプ，描画パターン，母子画得点と3種類の心理検査との関連を検討する。

1　方法

　心理検査は母子画の基礎資料収集と同時に実施した。愛着尺度は3回の調査で実施し，対象は大学生・短大生314名（男性106名，女性208名），平均年齢は20.4歳（$SD=2.0$）であった。愛着尺度は18項目を7段階で評定させた。

　K-SCTの12項目は2回の調査で実施し，対象は大学生244名（男性103名，女性141名），平均年齢は20.9歳（$SD=1.9$）であった。TEGの調査は1回で，対象は173名（男性75名，女性98名），平均年齢は20.9歳（$SD=1.6$）であった。TEGは第2版を利用した。

2 描画指標の表現型と心理検査

(1) 愛着尺度

愛着尺度の項目について因子分析[5]を行った結果，詫摩・戸田（1988）の研究とほぼ同様の結果が得られた。そこで本研究では詫摩らの愛着尺度をそのまま利用し，各因子の項目を合計してsecure得点，anxious /ambivalent得点（anxious得点），avoidant得点とした。ここでは描画指標の表現型ごとに各得点の平均と標準偏差を算出した。

表3-27は形態の表現型に対する平均と標準偏差を示したものである。形態は出現頻度の多い〔母子がともに全身〕〔母親は半身・子どもは全身〕〔母子がともに半身〕〔母子がともに顔〕について分散分析を行ったところ，secure得点に有意傾向がみられた。TukeyのHSD法による多重比較[6]の結果，〔母子がともに顔〕と〔母子がともに半身〕の間に有意傾向がみられ，secure得点は〔母子がともに顔〕が〔母子がともに半身〕よりも低い傾向がみられた。

表3-28にはサイズの表現型に対する平均と標準偏差を示す。サイズは〔母子がともに小さい〕〔母親は普通・子どもは小さい〕〔母子がともに普通〕〔母親は大きい・子どもは普通〕〔母子がともに大きい〕〔母子が隠れている〕について分散分析を行ったところ，有意ではなかった。そこで〔母子がともに小さい〕〔母子がともに普通〕〔母子がともに大きい〕の3条件について比較した。その結果，secure得点が有意であった（$F(2, 222)=3.28$, $p<.05$）。多重比較に

表 3-27　形態　表現型に対する愛着尺度の平均値

描画指標	表現型		度数	secure 得点		anxious 得点		avoidant 得点	
	母親像	子ども像		Mean	SD	Mean	SD	Mean	SD
形態	全身	全身	256	24.4	5.6	23.6	6.1	18.5	5.2
	全身	隠れている	2	30.5	0.7	20.0	1.4	17.5	6.4
	半身	全身	20	25.3	4.4	24.0	5.1	18.6	3.5
	半身	半身	17	27.0	4.7	23.2	4.3	18.1	4.6
	半身	隠れている	4	24.0	7.0	24.0	7.1	21.0	3.2
	顔	全身	1	23.0	—	15.0	—	19.0	—
	顔	顔	10	21.8	4.6	26.0	5.5	20.2	4.4
	隠れている	全身	1	21.0	—	25.0	—	25.0	—
	隠れている	隠れている	3	23.0	5.3	21.7	7.5	19.0	2.6

---

[5] 因子分析の結果は付表4として巻末に示す。
[6] 分散分析の多重比較はすべてTukeyのHSD法で実施し，有意水準は5％とした。

表 3-28 サイズ 表現型に対する愛着尺度の平均値

描画指標	表現型		度数	secure 得点		anxious 得点		avoidant 得点	
	母親像	子ども像		Mean	SD	Mean	SD	Mean	SD
サイズ	小さい	小さい	11	22.2	7.5	25.7	9.5	19.0	5.7
	小さい	普通	2	19.5	9.2	25.5	2.1	20.5	9.2
	普通	小さい	40	23.4	6.6	24.7	5.0	19.2	5.0
	普通	普通	194	24.5	4.9	23.5	5.8	18.4	4.9
	普通	大きい	6	26.0	6.0	21.5	7.4	21.0	5.5
	大きい	普通	31	25.3	5.3	23.2	6.5	18.8	5.8
	大きい	大きい	20	26.9	5.8	23.7	5.4	17.3	4.3
	隠れている	隠れている	10	24.7	5.7	22.6	5.7	20.1	3.8

よれば〔母子がともに小さい〕は〔母子がともに大きい〕よりも secure 得点が低かった。

　表情の表現型に対する平均と標準偏差は表 3-29 に示す。表情は〔母子がともに笑顔〕〔母子がともに非笑顔〕〔母子がともに後ろ姿〕〔母子がともに空白の顔〕〔母親は笑顔・子どもは非笑顔〕〔母親は非笑顔・子どもは笑顔〕について分散分析を行った結果、すべての得点で有意であった（secure 得点 $F(5, 292)=2.66$, $p<.05$；anxious 得点 $F(5, 292)=2.28$, $p<.05$；avoidant 得点 $F(5, 292)=6.33$, $p<.001$）。多重比較によれば、〔母子がともに笑顔〕は〔母子がともに非笑顔〕よりも secure 得点が高い傾向がみられた。また〔母子がと

表 3-29 表情 表現型に対する愛着尺度の平均値

描画指標	表現型		度数	secure 得点*		anxious 得点*		avoidant 得点**	
	母親像	子ども像		Mean	SD	Mean	SD	Mean	SD
表情	笑顔	笑顔	185	25.3	5.5	23.4	5.7	17.5	4.5
	非笑顔	非笑顔	39	22.8	4.5	22.4	5.8	21.2	4.9
	後ろ姿	後ろ姿	5	23.0	6.4	25.8	4.1	20.2	5.4
	空白の顔	空白の顔	28	23.1	5.3	26.1	6.7	21.6	6.4
	笑顔	非笑顔	27	23.7	4.6	25.0	6.0	19.5	4.9
	非笑顔	笑顔	13	26.9	4.6	21.7	5.8	18.4	5.4
	笑顔	後ろ姿	1	18.0	—	33.0	—	25.0	—
	後ろ姿	非笑顔	3	19.0	4.4	23.3	5.8	19.7	1.5
	笑顔	空白の顔	3	18.0	6.9	24.7	7.4	15.0	2.6
	空白の顔	笑顔	1	33.0	—	18.0	—	19.0	—
	空白の顔	非笑顔	2	30.0	4.2	22.5	3.5	18.0	1.4
	非笑顔	空白の顔	2	23.5	6.4	27.0	12.7	16.0	2.8
	後ろ姿	空白の顔	3	25.3	12.7	27.7	4.7	19.3	5.8
	空白の顔	後ろ姿	2	22.0	1.4	14.0	—	15.0	2.8

＊p<.05　＊＊p<.01

表3-30 身体接触 表現型に対する愛着尺度の平均値

描画指標	表現型	度数	secure 得点		anxious 得点		avoidant 得点**	
			Mean	SD	Mean	SD	Mean	SD
身体接触	抱く	80	24.3	5.6	24.1	5.8	19.0	4.8
	手をつなぐ	168	25.0	5.4	23.5	5.7	17.8	4.8
	非接触	66	23.6	5.5	23.4	6.6	20.0	5.4

*p<.01

表3-31 アイコンタクト 表現型に対する愛着尺度の平均値

描画指標	表現型	度数	secure 得点		anxious 得点		avoidant 得点	
			Mean	SD	Mean	SD	Mean	SD
アイコンタクト	母⇔子	60	25.4	4.6	22.4	6.1	17.5	4.5
	母⇨子	54	24.1	5.9	24.2	5.5	19.4	4.6
	子⇨母	17	25.2	6.3	25.8	5.2	20.2	3.8
	アイコンタクトなし	183	24.3	5.5	23.7	6.0	18.6	5.3

もに笑顔〕のavoidant得点は〔母子がともに非笑顔〕と〔母子がともに空白の顔〕よりも有意に低く,〔母子がともに空白の顔〕は〔母子がともに非笑顔〕よりもanxious得点が高い傾向を示した。

身体接触とアイコンタクトの表現型に対する平均と標準偏差は表3-30,表3-31に示す。分散分析の結果,身体接触ではavoidant得点が有意であった($F(2, 312)=5.07$, $p<.01$)。多重比較によれば,〔非接触〕は〔手をつなぐ〕よりもavoidant得点が有意に高かった。アイコンタクトでは有意な得点はみられなかった。

(2) K-SCT

被検者244名のうち,K-SCTに回答しなかった4名を除外した240名を分析の対象とした。K-SCTの反応文は手引き(片口・早川,1989)に基づいて肯定感情・否定感情・両価感情・中性感情・分類不能に分類した。肯定感情はさらに肯定-積極型(積極的な愛情表現や受容的態度,尊敬,信頼感)と肯定-消極型(甘えや依存感情,安心や服従)に分類され,否定感情も否定-積極型(攻撃や敵意,軽蔑,批判的な態度)と否定-消極型(心配や罪悪感,恐れ)に分類された。また肯定-積極型と否定-積極型の出現数を合計して積極感情,肯定-消極型と否定-消極型の出現数を合計して消極感情,中性感情と分類不能の出現数を合計して防衛感情とした。

表3-32は各表現型のK-SCTの平均と標準偏差を示したものである。各描

第2章 母子画と心理検査

表 3-32 描画指標の表現型に対するK-SCTの平均値

描画指標	表現型		度数	肯定感情		否定感情		両価感情		積極感情		消極感情		防衛感情	
	母親像	子ども像		Mean	SD	Mean	SD	Mean	SD	Mean	SD	Mean	SD	Mean	SD
形態	全身	全身	196	3.7	2.0	3.2	1.9	0.5	0.9	3.2	1.7	3.8	1.6	4.5	1.9
	全身	隠れている	1	5.0	―	5.0	―	0.0	―	4.0	―	6.0	―	2.0	―
	半身	全身	15	3.9	2.4	2.9	1.9	0.7	0.8	3.8	1.7	3.0	1.3	4.5	2.1
	半身	半身	14	3.1	1.8	3.5	1.6	0.5	0.7	3.1	1.3	3.4	1.4	4.9	1.6
	半身	隠れている	3	3.0	1.0	3.0	2.0	1.0	1.0	2.3	1.5	3.7	3.2	5.0	1.0
	顔	全身	1	3.0	―	3.0	―	0.0	―	2.0	―	4.0	―	6.0	―
	顔	顔	8	3.0	1.7	4.0	2.3	1.1	1.1	2.6	1.1	4.3	1.8	3.9	1.1
	隠れている	全身	1	3.0	―	2.0	―	0.0	―	1.0	―	4.0	―	7.0	―
	隠れている	隠れている	1	1.0	―	4.0	―	1.0	―	3.0	―	2.0	―	6.0	―

描画指標	表現型		度数	肯定感情		否定感情		両価感情		積極感情		消極感情		防衛感情	
	母親像	子ども像		Mean	SD	Mean	SD	Mean	SD	Mean	SD	Mean	SD	Mean	SD
サイズ	小さい	小さい	8	2.8	1.5	3.6	2.5	0.5	0.8	3.0	1.6	3.4	2.0	5.1	1.4
	小さい	普通	2	4.5	0.7	4.0	0.0	1.0	0.0	2.5	0.7	6.0	1.4	2.5	0.7
	普通	小さい	32	3.8	1.9	3.1	2.1	0.7	1.1	3.2	1.3	3.7	1.6	4.4	1.8
	普通	普通	150	3.7	2.0	3.2	1.8	0.5	0.9	3.1	1.7	3.8	1.6	4.6	2.0
	普通	大きい	4	3.5	1.9	3.5	1.3	0.3	0.5	3.2	1.3	4.8	1.0	4.8	0.5
	大きい	普通	26	3.5	2.0	3.6	2.3	0.7	0.9	3.4	1.6	3.7	1.7	4.0	1.6
	大きい	大きい	12	3.3	2.2	3.3	1.4	0.5	0.9	3.5	1.7	3.0	1.2	4.9	2.0
	隠れている	隠れている	6	3.0	1.4	3.3	1.6	0.7	0.8	2.5	1.4	3.8	2.4	5.0	1.8

描画指標	表現型		度数	肯定感情**		否定感情		両価感情		積極感情		消極感情		防衛感情	
	母親像	子ども像		Mean	SD	Mean	SD	Mean	SD	Mean	SD	Mean	SD	Mean	SD
表情	笑顔	笑顔	126	4.0	2.0	3.0	1.8	0.6	0.8	3.2	1.8	3.8	1.7	4.4	1.8
	非笑顔	非笑顔	36	2.9	1.8	4.0	1.6	0.5	0.8	2.9	1.6	4.0	1.4	4.6	1.6
	後ろ姿	後ろ姿	5	4.0	1.2	3.2	0.4	0.4	0.5	3.2	1.5	4.0	1.2	4.4	1.1
	空白の顔	空白の顔	27	3.1	2.1	3.3	2.4	0.7	1.2	2.9	1.4	3.5	1.8	4.9	1.9
	笑顔	非笑顔	22	3.1	1.8	3.8	2.0	0.9	1.2	3.1	1.7	3.8	1.6	4.2	2.1
	非笑顔	笑顔	11	4.5	2.3	3.1	2.0	0.3	0.6	4.1	2.4	3.5	1.6	4.2	2.9
	笑顔	後ろ姿	1	2.0	―	5.0	―	1.0	―	1.0	―	6.0	―	4.0	―
	後ろ姿	非笑顔	3	3.0	1.7	2.0	1.0	0.3	0.6	1.7	1.5	3.3	0.6	6.7	2.1
	後ろ姿	笑顔	0	―	―	―	―	―	―	―	―	―	―	―	―
	笑顔	空白の顔	3	3.7	2.5	3.7	1.5	1.0	1.7	3.3	1.5	4.0	1.0	3.7	2.1
	空白の顔	笑顔	1	5.0	―	1.0	―	0.0	―	3.0	―	3.0	―	6.0	―
	空白の顔	非笑顔	1	4.0	―	2.0	―	0.0	―	3.5	―	2.5	―	6.0	―
	非笑顔	空白の顔	2	3.5	2.1	3.0	1.4	0.0	0.0	4.8	0.4	1.3	0.4	5.5	0.7
	後ろ姿	空白の顔	2	4.5	0.7	2.0	0.0	0.5	0.7	5.0	0.0	1.5	0.7	5.0	1.4
	空白の顔	後ろ姿	0	―	―	―	―	―	―	―	―	―	―	―	―

描画指標	表現型	度数	肯定感情		否定感情		両価感情		積極感情		消極感情		防衛感情	
			Mean	SD	Mean	SD	Mean	SD	Mean	SD	Mean	SD	Mean	SD
身体接触	抱く	64	3.7	2.0	3.1	1.9	0.7	0.9	3.3	1.6	3.5	1.6	4.4	1.9
	手をつなぐ	122	3.8	1.9	3.2	1.8	0.5	0.8	3.3	1.7	3.8	1.6	4.5	1.9
	非接触	54	3.3	2.0	3.4	1.8	0.6	0.9	2.8	1.5	3.9	1.6	4.7	1.9

描画指標	表現型	度数	肯定感情		否定感情		両価感情		積極感情		消極感情		防衛感情	
			Mean	SD	Mean	SD	Mean	SD	Mean	SD	Mean	SD	Mean	SD
アイコンタクト	母⇔子	42	4.1	2.1	2.8	1.6	0.5	0.9	3.1	1.7	3.8	1.5	4.5	2.2
	母⇨子	47	3.4	2.0	3.5	1.8	0.8	0.8	3.3	1.7	3.7	1.7	4.2	1.9
	子⇨母	12	3.8	2.0	3.2	2.0	0.9	1.7	3.4	1.4	3.6	1.9	4.1	2.3
	アイコンタクトなし	139	3.6	1.9	3.3	1.9	0.5	0.8	3.1	1.6	3.7	1.6	4.6	1.7

＊＊p<.01

画指標において分散分析を行ったところ，表情の肯定感情が有意であった（$F(5, 221)=3.14$, $p<.01$）。多重比較によれば，〔母子がともに笑顔〕は〔母子がともに非笑顔〕よりも肯定感情が高かった。

(3) TEG

被検者173名のTEGを採点して，D尺度が13未満あるいはQ尺度が35以上の被検者は除外した。その結果，分析の対象となる被検者は160名（男性72名，女性88名）となった。

表3-33は形態の表現型に対する各自我状態の平均と標準偏差を示したものである。〔母子がともに全身〕〔母親は半身・子どもは全身〕〔母子がともに半身〕〔母子がともに顔〕について分散分析を行った結果，NPとFCが有意であった（NP $F(3, 150)=5.81$, $p<.001$；FC $F(3, 150)=3.13$, $p<.05$）。多重比較によると，〔母子がともに顔〕のNPは〔母子がともに全身〕〔母親は半身・子どもは全身〕〔母子がともに半身〕に比べて有意に低く，〔母子がともに顔〕のFCは〔母子がともに全身〕よりも有意に低かった。

表3-34はサイズの表現型に対する平均と標準偏差を示したものである。サイズは〔母子がともに小さい〕〔母子がともに普通〕〔母子がともに大きい〕について分散分析を行ったところ，CPとNPが有意であった（CP $F(2, 116)=3.55$, $p<.05$；NP $F(2, 116)=3.12$, $p<.05$）。多重比較の結果，条件間のCPの差は有意ではなかった。一方NPでは，〔母子がともに大きい〕のNPは

表3-33 形態 表現型に対するTEGの平均値

描画指標	表現型		度数	CP		NP＊＊＊		A		FC＊		AC	
	母親像	子ども像		Mean	SD	Mean	SD	Mean	SD	Mean	SD	Mean	SD
形態	全身	全身	126	7.6	4.2	13.1	4.3	10.2	4.5	11.9	4.5	11.0	5.4
	全身	隠れている	1	8.0	—	16.0	—	14.0	—	14.0	—	6.0	—
	半身	全身	12	8.0	4.7	14.9	4.0	10.9	3.4	11.4	4.1	12.8	3.6
	半身	半身	11	8.5	4.0	15.5	3.7	10.7	3.1	11.5	5.2	11.6	5.6
	半身	隠れている	2	11.0	4.2	13.0	—	13.0	2.8	12.0	8.5	12.0	5.7
	顔	全身	1	9.0	—	5.0	—	12.0	—	18.0	—	4.0	—
	顔	顔	5	5.4	5.8	6.6	3.6	7.2	5.6	5.6	3.8	16.0	4.7
	隠れている	全身	1	5.0	—	13.0	—	15.0	—	7.0	—	16.0	—
	隠れている	隠れている	1	2.0	—	15.0	—	7.0	—	6.0	—	12.0	—

＊$p<.05$　＊＊＊$p<.001$

第2章 母子画と心理検査

表 3-34 サイズ 表現型に対するTEGの平均値

描画指標	表現型		度数	CP*		NP*		A		FC		AC	
	母親像	子ども像		Mean	SD	Mean	SD	Mean	SD	Mean	SD	Mean	SD
サイズ	小さい	小さい	5	10.0	5.1	11.0	3.7	12.2	3.6	10.0	4.8	11.2	5.0
	小さい	普通	1	12.0	—	6.0	—	10.0	—	8.0	—	12.0	—
	普通	小さい	18	8.0	4.4	13.3	4.4	10.9	3.9	12.9	4.1	10.7	5.1
	普通	普通	105	7.1	4.2	12.8	4.5	10.1	4.4	11.3	4.7	11.6	5.3
	普通	大きい	2	9.0	1.4	10.5	6.4	9.5	6.4	8.5	6.4	11.0	4.2
	大きい	普通	15	8.2	4.5	14.8	3.5	9.1	5.3	13.3	5.2	9.5	6.7
	大きい	大きい	9	10.3	2.7	16.3	3.2	10.1	4.0	13.2	3.6	11.7	5.4
	隠れている	隠れている	5	7.4	4.4	14.0	1.4	12.4	3.4	10.2	5.5	11.6	4.6

*p<.05

〔母子がともに小さい〕に比べて有意に高く,〔母子がともに普通〕と比べても高い傾向がみられた。

　表情の表現型に対する平均と標準偏差を表3-35に示す。〔母子がともに笑顔〕〔母子がともに非笑顔〕〔母子がともに後ろ姿〕〔母子がともに空白の顔〕

表 3-35 表情 表現型に対するTEGの平均値

描画指標	表現型		度数	CP*		NP		A		FC*		AC	
	母親像	子ども像		Mean	SD	Mean	SD	Mean	SD	Mean	SD	Mean	SD
表情	笑顔	笑顔	78	7.0	4.1	13.8	4.5	10.0	4.7	12.1	4.9	11.4	5.5
	非笑顔	非笑顔	25	6.6	4.1	11.2	4.2	11.1	4.0	11.5	4.5	9.4	5.5
	後ろ姿	後ろ姿	3	12.7	2.1	10.3	5.9	10.0	2.0	11.3	3.5	10.7	2.3
	空白の顔	空白の顔	21	9.8	4.8	12.8	3.8	10.5	5.1	9.0	3.1	13.3	5.4
	笑顔	非笑顔	16	7.6	3.7	14.5	4.3	10.3	3.2	13.8	3.6	11.5	4.4
	非笑顔	笑顔	8	8.3	3.4	12.9	4.5	11.4	3.5	11.1	5.4	10.3	4.6
	笑顔	後ろ姿	0	—	—	—	—	—	—	—	—	—	—
	後ろ姿	非笑顔	2	11.0	5.7	9.5	7.8	10.5	0.7	12.5	2.1	12.0	0.0
	後ろ姿	笑顔	0	—	—	—	—	—	—	—	—	—	—
	笑顔	空白の顔	2	6.0	5.7	14.5	0.7	5.5	4.9	12.0	—	13.0	9.9
	空白の顔	笑顔	1	7.0	—	16.0	—	9.0	—	16.0	—	6.0	—
	空白の顔	非笑顔	0	—	—	—	—	—	—	—	—	—	—
	非笑顔	空白の顔	2	11.0	4.2	12.0	1.4	10.5	0.7	15.0	4.2	10.0	7.1
	後ろ姿	空白の顔	0	—	—	—	—	—	—	—	—	—	—
	空白の顔	後ろ姿	2	5.5	4.9	15.5	0.7	6.5	0.7	6.0	0.0	13.5	2.1

*p<.05

〔母親は笑顔・子どもは非笑顔〕〔母親は非笑顔・子どもは笑顔〕について分散分析を行った結果，CPとFCが有意であった（CP $F(5, 145)=2.73$, $p<.05$；FC $F(5, 145)=2.34$, $p<.05$）。NPには有意傾向がみられた。多重分析によれば〔母子がともに空白の顔〕のCPは〔母子がともに笑顔〕に比べて高い傾向がみられ，〔母子がともに非笑顔〕と比べても〔母子がともに空白の顔〕のCPは高い傾向がみられた。また，〔母子がともに空白の顔〕は〔母親は笑顔・子どもは非笑顔〕に比べて有意にFCが低く，〔母子がともに空白の顔〕のFCは〔母子がともに笑顔〕と比べても低い傾向がみられた。

　身体接触とアイコンタクトの表現型に対する平均と標準偏差は表3-36，表3-37に示す。分散分析を行った結果，身体接触の表現型では有意な差はみられなかった。一方，アイコンタクトではNPとFCが有意であった（NP $F(3, 156)=4.02$, $p<.01$；FC $F(3, 156)=3.03$, $p<.05$）。多重比較によれば，〔母⇔子〕は〔アイコンタクトなし〕よりもNPとFCが有意に高かった。

表3-36　身体接触　表現型に対するTEGの平均値

描画指標	表現型	度数	CP		NP		A		FC		AC	
			Mean	SD	Mean	SD	Mean	SD	Mean	SD	Mean	SD
身体接触	抱く	45	8.0	4.3	14.7	3.6	10.6	4.1	12.1	4.4	11.8	5.2
	手をつなぐ	81	7.6	4.4	13.1	4.6	10.0	4.2	11.9	4.8	10.8	5.2
	非接触	34	7.1	3.8	11.2	4.2	10.4	4.8	10.6	4.7	11.8	5.8

表3-37　アイコンタクト　表現型に対するTEGの平均値

描画指標	表現型	度数	CP		NP**		A		FC*		AC	
			Mean	SD	Mean	SD	Mean	SD	Mean	SD	Mean	SD
アイコンタクト	母⇔子	27	6.6	4.1	15.2	3.9	11.0	4.7	13.6	4.6	9.9	6.3
	母⇒子	31	7.2	3.9	14.2	3.6	9.9	4.0	12.6	4.3	12.1	5.0
	子⇒母	8	9.1	3.7	11.5	4.2	9.8	5.5	11.1	4.3	10.6	5.3
	アイコンタクトなし	94	7.9	4.4	12.4	4.6	10.2	4.2	10.8	4.7	11.5	5.1

*$p<.05$　**$p<.01$

3 標準タイプ・準標準タイプ・非標準タイプと心理検査

(1) 愛着尺度

各描画指標の標準タイプ・準標準タイプ・非標準タイプについて，愛着尺度の平均と標準偏差を算出した（表3-38参照）。その結果，標準タイプの平均は全体の平均を代表していると思われた。

それぞれの描画指標において各タイプを条件とした分散分析を行った。その

表 3-38　標準タイプ・準標準タイプ・非標準タイプに対する愛着尺度の平均値

描画指標	タイプ	度数	secure 得点		anxious 得点		avoidant 得点	
			Mean	SD	Mean	SD	Mean	SD
形態	標準	256	24.4	5.6	23.6	6.1	18.5	5.2
	準標準	37	26.1	4.6	23.6	4.7	18.3	4.0
	非標準	21	23.2	5.1	23.9	5.9	20.1	3.9
描画指標	タイプ	度数	secure 得点		anxious 得点		avoidant 得点	
			Mean	SD	Mean	SD	Mean	SD
サイズ	標準	192	24.5	4.9	23.5	5.8	18.4	4.9
	準標準	72	24.2	6.1	24.0	5.8	19.0	5.3
	非標準	50	25.0	6.4	23.7	6.7	18.8	4.9
描画指標	タイプ	度数	secure 得点*		anxious 得点		avoidant 得点***	
			Mean	SD	Mean	SD	Mean	SD
表情	標準	185	25.2	5.5	23.4	5.7	17.5	4.5
	準標準	107	23.6	4.9	24.0	6.3	20.5	5.4
	非標準	22	22.9	7.1	24.3	6.4	18.4	4.1
描画指標	タイプ	度数	secure 得点		anxious 得点		avoidant 得点**	
			Mean	SD	Mean	SD	Mean	SD
身体接触	標準	167	25.0	5.4	23.5	5.7	17.8	4.8
	準標準	147	24.0	5.5	23.8	6.2	19.5	5.1
	非標準	—	—	—	—	—	—	—
描画指標	タイプ	度数	secure 得点		anxious 得点		avoidant 得点	
			Mean	SD	Mean	SD	Mean	SD
アイコンタクト	標準	184	24.3	5.5	23.7	6.0	18.6	5.3
	準標準	113	24.8	5.2	23.2	5.9	18.4	4.6
	非標準	17	25.2	6.3	25.8	5.2	20.2	3.8
全体平均		314	24.5	5.4	23.6	5.9	18.6	5.0

*p<.05　**p<.01　***p<.001

結果,表情ではsecure得点とavoidant得点が有意であった(secure得点 $F(2, 311)=4.07$, $p<.05$;avoidant得点 $F(2, 311)=12.9$, $p<.001$)。多重比較によれば,表情の標準タイプは準標準タイプに比べてsecure得点が高く,avoidant得点が低かった。

身体接触は非標準タイプが出現しなかったため,標準タイプと準標準タイプの比較を行った。t検定を用いて比較した結果,準標準タイプのavoidant得点は標準タイプに比べて有意に高かった($t=8.62$, $df=313$, $p<.01$)。

(2) K-SCT

各描画指標のタイプに対する平均と標準偏差を表3-39に示す。各タイプを条件に分散分析を行ったところ,表情では肯定感情と否定感情が有意であっ

表3-39 標準タイプ・準標準タイプ・非標準タイプに対するK-SCTの平均値

描画指標	タイプ	度数	肯定感情 Mean	SD	否定感情 Mean	SD	両価感情 Mean	SD	積極感情 Mean	SD	消極感情 Mean	SD	防衛感情 Mean	SD
形態	標準	196	3.7	2.0	3.2	1.9	0.5	0.9	3.2	1.7	3.8	1.6	4.5	1.9
	準標準	29	3.5	2.1	3.2	1.8	0.6	0.7	3.5	1.6	3.2	1.4	4.7	1.9
	非標準	15	3.0	1.5	3.7	1.9	0.9	1.0	2.5	1.1	4.1	1.9	4.5	1.5
描画指標	タイプ	度数	肯定感情 Mean	SD	否定感情 Mean	SD	両価感情 Mean	SD	積極感情 Mean	SD	消極感情 Mean	SD	防衛感情 Mean	SD
サイズ	標準	150	3.7	2.0	3.2	1.8	0.5	0.9	3.1	1.7	3.8	1.6	4.6	2.0
	準標準	58	3.7	1.9	3.3	2.2	0.7	1.0	3.3	1.5	3.7	1.6	4.2	1.7
	非標準	32	3.2	1.8	3.4	1.6	0.5	0.8	3.0	1.5	3.7	1.8	4.8	1.7
描画指標	タイプ	度数	肯定感情** Mean	SD	否定感情* Mean	SD	両価感情 Mean	SD	積極感情 Mean	SD	消極感情 Mean	SD	防衛感情 Mean	SD
表情	標準	126	4.0	2.0	3.0	1.8	0.6	0.8	3.2	1.8	3.8	1.7	4.4	1.8
	準標準	96	3.2	1.9	3.6	2.0	0.6	1.0	3.1	1.5	3.7	1.6	4.6	2.0
	非標準	18	3.7	1.5	2.8	1.2	0.4	0.8	3.2	1.6	3.3	1.5	5.0	1.6
描画指標	タイプ	度数	肯定感情 Mean	SD	否定感情 Mean	SD	両価感情 Mean	SD	積極感情 Mean	SD	消極感情 Mean	SD	防衛感情 Mean	SD
身体接触	標準	122	3.8	1.9	3.2	1.8	0.5	0.8	3.3	1.7	3.8	1.6	4.5	1.9
	準標準	118	3.5	2.0	3.3	1.9	0.7	0.9	3.0	1.5	3.7	1.6	4.5	1.9
	非標準	—	—	—	—	—	—	—	—	—	—	—	—	—
描画指標	タイプ	度数	肯定感情 Mean	SD	否定感情 Mean	SD	両価感情 Mean	SD	積極感情 Mean	SD	消極感情 Mean	SD	防衛感情 Mean	SD
アイコンタクト	標準	139	3.6	1.9	3.3	1.9	0.5	0.8	3.1	1.6	3.7	1.6	4.6	1.7
	準標準	89	3.8	2.1	3.2	1.8	0.7	0.8	3.2	1.7	3.7	1.6	4.4	2.1
	非標準	12	3.8	2.0	3.2	2.0	0.9	1.7	3.4	1.4	3.6	1.9	4.1	2.3
全体平均		240	3.7	2.0	3.3	1.9	0.6	0.9	3.2	1.6	3.7	1.6	4.5	1.9

＊$p<.05$　＊＊$p<.01$

た。(肯定感情　$F(2, 237)=5.05$, $p<.01$；否定感情　$F(2, 237)=3.5$, $p<.05$)。
多重比較の結果，表情の標準タイプは準標準タイプに比べて肯定感情が高く，否定感情が低かった。

また，身体接触の標準タイプと準標準タイプの比較では，標準タイプは準標準タイプよりも両価感情が低い傾向がみられた。

(3) TEG

表3-40は各タイプに対する自我状態の平均と標準偏差を示したものである。

表3-40　標準タイプ・準標準タイプ・非標準タイプに対する TEG の平均値

描画指標	タイプ	度数	CP Mean	CP SD	NP** Mean	NP** SD	A Mean	A SD	FC Mean	FC SD	AC Mean	AC SD
形態	標準	126	7.6	4.2	13.1	4.3	10.2	4.5	11.9	4.5	11.0	5.4
形態	準標準	23	8.2	4.3	15.2	3.8	10.8	3.2	11.5	4.5	12.2	4.6
形態	非標準	11	6.6	4.8	9.8	4.7	10.0	4.9	8.8	5.7	12.9	5.5

描画指標	タイプ	度数	CP* Mean	CP* SD	NP Mean	NP SD	A Mean	A SD	FC Mean	FC SD	AC Mean	AC SD
サイズ	標準	105	7.1	4.2	12.8	4.5	10.1	4.4	11.3	4.7	11.6	5.3
サイズ	準標準	33	8.1	4.4	14.0	4.0	10.4	4.6	13.1	4.6	10.1	5.8
サイズ	非標準	22	9.5	3.7	13.6	4.2	11.0	3.8	11.1	4.5	11.5	4.6

描画指標	タイプ	度数	CP Mean	CP SD	NP Mean	NP SD	A Mean	A SD	FC Mean	FC SD	AC Mean	AC SD
表情	標準	78	7.0	4.1	13.8	4.5	10.0	4.7	12.1	4.9	11.4	5.5
表情	準標準	70	8.0	4.3	12.6	4.2	10.8	4.1	11.2	4.5	11.2	5.3
表情	非標準	12	9.3	4.4	12.5	4.3	8.8	2.7	11.5	5.2	11.3	4.4

描画指標	タイプ	度数	CP Mean	CP SD	NP Mean	NP SD	A Mean	A SD	FC Mean	FC SD	AC Mean	AC SD
身体接触	標準	81	7.6	4.4	13.1	4.6	10.0	4.2	11.9	4.8	10.8	5.2
身体接触	準標準	79	7.6	4.1	13.2	4.2	10.5	4.4	11.4	4.5	11.8	5.4
身体接触	非標準	—	—	—	—	—	—	—	—	—	—	—

描画指標	タイプ	度数	CP Mean	CP SD	NP** Mean	NP** SD	A Mean	A SD	FC* Mean	FC* SD	AC Mean	AC SD
アイコンタクト	標準	94	7.9	4.4	12.4	4.6	10.2	4.2	10.8	4.7	11.5	5.1
アイコンタクト	準標準	58	6.9	3.9	14.7	3.7	10.4	4.4	13.1	4.4	11.0	5.7
アイコンタクト	非標準	8	9.1	3.7	11.5	4.2	9.8	5.5	11.1	4.3	10.6	5.3
全体平均		160	7.6	4.3	13.2	4.4	10.3	4.3	11.7	4.7	11.3	5.3

*p<.05　**p<.01

分散分析の結果，形態ではNPが有意であった（$F(2, 157)=6.00$, $p<.01$）。多重比較によれば，NPの平均には準標準＞標準＞非標準の関係が認められた。

サイズではCPが有意であり（$F(2, 157)=3.49$, $p<.05$），多重比較をみるとCPは標準タイプよりも非標準タイプが有意に高かった。さらにアイコンタクトではNPとFCが有意であった（NP　$F(2, 157)=5.65$, $p<.01$；FC　$F(2, 157)=4.25$, $p<.05$）。多重比較の結果，NPとFCは標準タイプよりも準標準タイプが有意に高かった。

3　描画パターンと心理検査

（1）愛着尺度

表3-41は各描画パターンにおける愛着尺度の平均と標準偏差を示したものである。基本パターン〔母子がともに笑顔／手をつなぐ／アイコンタクトなし〕の平均は全体の平均とほぼ同じ値を示した。

それぞれの描画パターンの特徴を明らかにするため，基本パターンと出現頻度が5以上の描画パターンの比較，および描画パターン間の比較を行った。愛着尺度の平均はt検定を用いて比較した。以下に結果をまとめた。

①基本パターンと各描画パターンの比較：基本パターンに比べてavoidan得点が有意に高いパターンは7パターンで，〔母子がともに笑顔／手をつなぐ／子⇨母〕（$t=-3.1$, $df=89$, $p<.05$），〔母子がともに笑顔／非接触／アイコンタクトなし〕（$t=-2.1$, $df=96$, $p<.05$），〔母親は笑顔・子どもは非笑顔／抱く／母⇨子〕（$t=-3.2$, $df=95$, $p<.01$），〔母親は笑顔・子どもは非笑顔／抱く／アイコンタクトなし〕（$t=-2.4$, $df=88$, $p<.05$），〔母子がともに非笑顔／手をつなぐ／アイコンタクトなし〕（$t=-2.5$, $df=90$, $p<.05$），〔母子がともに非笑顔／非接触／アイコンタクトなし〕（$t=-4.9$, $df=95$, $p<.001$），〔母子がともに空白の顔／抱く／アイコンタクトなし〕（$t=-3.6$, $df=88$, $p<.001$）であった。また，基本パターンに比べてavoidant得点が高い傾向を示したのは〔母親は非笑顔・子どもは笑顔／手をつなぐ／アイコンタクトなし〕であった。

一方，〔母子がともに空白の顔／手をつなぐ／アイコンタクトなし〕は基本パターンよりもavoidant得点とanxious得点が有意に高かった（avoidant得点　$t=-2.2$, $df=93$, $p<.05$；anxious得点　$t=-2.7$, $df=94$, $p<.01$）。

第2章 母子画と心理検査

表 3-41 各描画パターンの愛着尺度の平均値（SD）

母表情	子表情	身体接触・アイコンタクト		度数	secure 得点		anxious 得点		avoidant 得点	
					Mean	SD	Mean	SD	Mean	SD
笑顔	笑顔	抱く	母⇒子	12	26.6	4.2	22.2	6.5	17.1	4.5
			母⇔子	13	25.3	8.3	24.5	4.3	18.1	4.5
			なし	7	25.3	3.8	22.4	4.2	17.0	4.3
		手をつなぐ	母⇒子	26	26.3	4.5	21.6	5.4	17.5	4.9
			母⇔子	7	24.1	3.0	24.3	5.1	18.4	3.3
			子⇒母	7	26.4	5.1	26.4	3.5	18.7*	1.1
			なし	85	25.1	5.5	23.3	5.6	16.7	4.5
		非接触	母⇔子	12	23.5	4.0	24.7	7.2	18.1	4.2
			母⇒子	4	25.0	11.5	26.0	4.8	22.5	4.7
			子⇒母	1	15.0	−	32.0	−	20.0	−
			なし	14	24.3	5.2	23.0	7.3	19.5*	5.5
非笑顔	非笑顔	抱く	母⇒子	4	27.0	2.9	20.0	3.7	16.3	5.1
			なし	3	19.7	4.6	25.3	9.3	21.3	5.9
		手をつなぐ	母⇔子	2	23.5	10.6	24.0	1.4	21.5	0.7
			母⇒子	2	21.5	3.5	24.0	1.4	16.5	0.7
			子⇒母	2	25.0	5.7	15.5	4.9	20.0	−
			なし	10	22.2	4.5	22.1	5.6	21.0*	6.2
		非接触	母⇒子	1	26.0	−	22.0	−	21.0	−
			母⇔子	2	19.5	0.7	24.0	7.1	24.0	2.8
			なし	13	22.7	4.2	23.0	6.7	23.2**	4.1
後ろ姿	後ろ姿	手をつなぐ	子⇒母	1	27.0	−	28.0	−	17.0	−
			なし	3	22.0	7.0	25.3	4.6	21.0	5.9
空白の顔	空白の顔	抱く	母⇒子	1	20.0	−	14.0	−	28.0	−
			なし	7	22.1	3.3	26.3	6.0	22.7**	5.3
		手をつなぐ	子⇒母	1	26.0	−	28.0	−	31.0	−
			なし	11	23.3	6.3	28.2**	6.9	19.9*	5.2
		非接触	母⇒子	1	26.0	−	11.0	−	22.0	−
			母⇔子	1	23.0	−	24.0	−	19.0	−
			なし	7	23.5	7.0	26.7	4.3	21.1	9.3
笑顔	非笑顔	抱く	母⇒子	2	23.0	2.8	24.5	4.9	14.5	3.5
			母⇔子	13	24.5	3.8	25.1	7.2	21.0**	4.4
			なし	6	24.5	6.3	24.7	2.3	21.2*	4.1
		手をつなぐ	母⇔子	1	21.0	−	28.0	8.5	13.0	2.8
			母⇒子	1	13.0	−	35.0	−	22.0	−
		非接触	子⇒母	1	28.0	−	23.0	−	24.0	−
			なし	2	21.7	2.3	21.3	5.7	15.3	5.5
非笑顔	笑顔	抱く	母⇒子	1	22.0	−	22.0	−	23.0	−
			子⇒母	1	29.0	−	28.0	−	19.0	−
		手をつなぐ	母⇔子	1	24.0	−	24.0	−	18.0	−
			なし	5	26.2	3.3	22.2	4.4	20.4	7.2
		非接触	母⇒子	1	26.5	2.1	21.0	5.7	17.5	2.1
			なし	2	30.3	8.0	18.3	10.3	14.0	4.6
笑顔	後ろ姿	抱く	母⇒子	1	18.0	−	33.0	−	25.0	−
笑顔	空白の顔	抱く	母⇒子	1	14.0	−	33.0	−	13.0	−
			母⇔子	1	14.0	−	22.0	−	18.0	−
			なし	1	26.0	−	19.0	−	14.0	−
空白の顔	笑顔	手をつなぐ		1	33.0	−	18.0	−	19.0	−
後ろ姿	非笑顔	抱く	なし	1	21.0	−	20.0	−	21.0	−
		非接触	母⇒子	1	22.0	−	20.0	−	20.0	−
			なし	1	14.0	−	30.0	−	18.0	−
非笑顔	空白の顔	抱く	母⇒子	1	28.0	−	18.0	−	14.0	−
			なし	1	19.0	−	36.0	−	18.0	−
空白の顔	非笑顔	抱く	母⇒子	1	27.0	−	25.0	−	17.0	−
			なし	1	33.0	−	20.0	−	19.0	−
空白の顔	後ろ姿	手をつなぐ	母⇒子	1	23.0	−	14.0	−	13.0	−
		非接触	なし	1	21.0	−	14.0	−	17.0	−
後ろ姿	空白の顔	抱く	子⇒母	1	11.0	−	33.0	−	16.0	−
		手をつなぐ	なし	1	30.0	−	24.0	−	16.0	−
		全体		314	24.5	5.4	23.6	5.9	18.6	5.0

基本パターン：〔母子がともに笑顔／手をつなぐ／アイコンタクトなし〕
*p<.05　**p<.01

表3-42 〔母子がともに笑顔／接触／母⇔子〕と〔母子がともに笑顔／非接触／母⇔子〕の愛着尺度の比較

	度数	secure 得点		anxious 得点		avoidant 得点	
		Mean	SD	Mean	SD	Mean	SD
〔母子がともに笑顔／接触／母⇔子〕	36	26.5	4.4	21.9	5.8	17.6	4.8
〔母子がともに笑顔／非接触／母⇔子〕	11	23.6	4.0	24.7	7.2	18.1	4.2

②描画パターン間の比較：表現型と描画パターンの意味をさらに詳しく調べるため，表現型の一部が異なる描画パターン（異なる部分を下線で示す）を比較した。その結果avoidant得点は〔母子がともに非笑顔／非接触／アイコンタクトなし〕が〔母子がともに笑顔／非接触／アイコンタクトなし〕よりも高い傾向，secure得点は〔母子がともに非笑顔／手をつなぐ／アイコンタクトなし〕が〔母親は非笑顔・子は笑顔／手をつなぐ／アイコンタクトなし〕よりも低い傾向を示した。また〔母子がともに空白の顔／手をつなぐ／アイコンタクトなし〕は〔母子がともに非笑顔／手をつなぐ／アイコンタクトなし〕よりもanxious得点が有意に高かった（$t=-2.2$, $df = 19$, $p<.05$）。

身体接触の表現型だけが異なる3つのパターン，〔母子がともに笑顔／抱く／母⇔子〕〔母子がともに笑顔／手をつなぐ／母⇔子〕〔母子がともに笑顔／非接触／母⇔子〕について分散分析を行ったところ，愛着尺度には有意な差が認められなかった。そこで，前者の2群を合わせた〔母子がともに笑顔／接触／母⇔子〕と〔母子がともに笑顔／非接触／母⇔子〕を比較した（表3-42参照）。その結果，〔母子がともに笑顔／非接触／母⇔子〕のsecure得点は〔母子がともに笑顔／接触／母⇔子〕よりも低い傾向がみられた。

さらに〔母子がともに非笑顔／手をつなぐ／アイコンタクトなし〕と〔母子がともに非笑顔／非接触／アイコンタクトなし〕の比較と，〔母子がともに空白の顔／手をつなぐ／アイコンタクトなし〕と〔母子がともに空白の顔／非接触／アイコンタクトなし〕の比較を行った。結果は両パターンの間に有意な差は認められず，非笑顔や空白の表情でアイコンタクトがない場合の〔手をつなぐ〕と〔非接触〕には差がないことが示された。

(2) K-SCT

表3-43は各描画パターンに対するK-SCTの平均と標準偏差を示したもの

第2章 母子画と心理検査

表3-43 各描画パターンのK-SCTの平均値

母表情	子表情	身体接触・アイコンタクト		度数	肯定感情 Mean	SD	否定感情 Mean	SD	両価感情 Mean	SD	積極感情 Mean	SD	消極感情 Mean	SD	防衛感情 Mean	SD
笑顔	笑顔	抱く	母⇔子	9	5.4*	2.5	2.4	1.7	0.4	0.5	4.4	1.6	3.5	1.5	3.7	1.5
			母⇨子	10	3.9	2.1	2.8	1.5	1.0*	0.8	3.4	1.6	3.3	1.9	4.0	1.6
			なし	4	4.3	0.6	2.0	1.0	0.7	0.6	2.3	0.6	4.0	0.0	4.7	0.6
		手をつなぐ	母⇨子	19	3.9	2.1	3.1	1.8	0.5	0.8	3.0	1.8	3.9	1.7	4.6	2.2
			母⇔子	5	4.6	2.4	3.4	1.8	0.4	0.5	4.6*	0.9	3.4	0.9	3.8	1.1
			子⇨母	4	3.7	2.1	4.0	1.0	0.0	0.0	4.0	1.2	3.7	0.6	3.3	1.2
			なし	54	4.0	1.9	3.1	2.0	0.4	0.7	3.4	1.9	3.7	1.8	4.5	1.7
		非接触	母⇔子	8	3.1	2.0	2.9	1.2	1.0	1.4	2.1	1.2	3.9	1.4	5.0	2.9
			母⇨子	4	2.3	2.1	3.0	2.6	0.7	1.2	2.3	1.5	2.0	6.0	2.6
			子⇨母	1	6.0	—	6.0	—	0.0	—	4.0	—	8.0	—	0.0	—
			なし	11	4.1	1.6	2.7	1.6	0.6	0.9	2.3	1.4	4.5	1.6	4.5	1.1
非笑顔	非笑顔	抱く	母⇨子	1	3.3	—	3.3	—	1.0	—	2.0	—	4.7	—	4.3	—
			なし	3	3.0	1.0	4.3	1.2	0.7	1.2	3.7	0.6	3.7	1.2	4.0	1.0
		手をつなぐ	母⇔子	2	3.0	1.4	2.0	0.0	0.0	—	1.8	1.1	3.3	0.4	7.0	1.4
			母⇨子	2	4.0	1.4	4.0	0.0	0.0	—	3.5	0.7	4.5	0.7	4.0	1.4
			子⇨母	2	6.0	0.0	2.5	0.7	0.0	—	3.5	0.7	5.0	0.0	3.5	0.7
			なし	9	2.9	1.4	4.4	1.5	0.2	0.4	3.2	1.0	4.1	1.6	4.4	1.3
		非接触	母⇔子	1	3.0	—	4.0	—	1.0	—	2.5	—	4.5	—	4.0	—
			母⇨子	2	0.5	0.7	2.5	2.1	0.5	0.7	3.0	0.0	3.0	1.4	5.5	0.7
			なし	12	2.5*	1.9	4.0	2.0	0.7	1.0	2.7	0.9	3.7	1.6	4.8	1.6
後ろ姿	後ろ姿	手をつなぐ	子⇨母	1	2.0	—	3.0	—	1.0	—	1.0	—	4.0	—	6.0	—
			なし	4	4.5	0.6	3.3	0.5	0.3	0.5	3.8	1.0	4.0	1.4	4.0	0.8
空白の顔	空白の顔	抱く	母⇨子	1	3.0	—	2.0	—	1.0	—	3.0	—	6.0	—	6.0	—
			なし	7	3.3	2.4	3.3	3.1	0.8	0.8	3.1	0.7	3.5	1.3	4.9	0.7
		手をつなぐ	子⇨母	1	3.0	—	1.0	—	6.0	—	1.0	—	3.0	—	3.0	—
			なし	11	3.2	2.4	3.2	2.3	0.5	0.7	2.8	1.7	3.5	2.0	5.2	2.4
		非接触	母⇔子	1	5.0	—	1.0	—	0.0	—	2.0	—	6.0	—	6.0	—
			子⇨母	1	1.0	—	7.0	—	0.0	—	4.0	—	3.0	—	5.0	—
			なし	5	3.0	1.4	4.0	1.6	0.4	0.5	3.2	1.6	3.8	2.4	4.6	2.4
笑顔	非笑顔	抱く	母⇨子	12	3.1	4.6	4.1	2.3	0.9*	0.8	3.2	2.0	3.9	2.1	3.9	2.6
			なし	5	3.4	1.9	3.0	2.2	0.3	0.5	3.0	1.2	3.4	1.0	4.6	1.7
		手をつなぐ	なし	2	4.0	—	3.0	—	1.0	0.5	3.5	2.1	3.5	0.7	4.0	1.4
			母⇨子	1	1.0	—	5.0	—	2.0	—	3.0	—	3.0	—	4.0	—
		非接触	なし	2	2.5	0.7	4.0	1.4	0.0	—	2.3	0.4	4.3	0.4	5.5	0.7
非笑顔	笑顔	抱く	母⇨子	1	2.0	—	5.0	—	0.0	—	2.0	—	5.0	—	5.0	—
			子⇨母	1	3.0	—	0.0	—	0.0	—	2.0	—	1.0	—	9.0	—
		手をつなぐ	なし	4	3.8	2.2	4.0	1.8	0.3	0.5	4.0	2.9	3.8	1.3	4.0	3.7
		非接触	母⇨子	2	6.5	2.1	3.5	2.1	0.0	0.0	6.0	2.8	4.0	2.8	2.0	0.0
			なし	3	5.3	2.5	2.0	1.7	0.7	—	4.3	2.1	3.0	1.0	1.0	1.7
笑顔	後ろ姿	抱く	母⇨子	1	2.0	—	5.0	—	1.0	—	1.0	—	6.0	—	4.0	—
笑顔	空白の顔	抱く	母⇨子	1	4.0	—	4.0	—	0.0	—	5.0	—	2.0	—	6.0	—
			母⇨子	1	1.0	—	5.0	—	3.0	—	2.0	—	4.0	—	3.0	—
			なし	1	4.0	—	—	—	—	—	3.0	—	3.0	—	6.0	—
空白の顔	笑顔	手をつなぐ	なし	1	5.0	—	1.0	—	0.0	—	3.0	—	3.0	—	6.0	—
後ろ姿	非笑顔	抱く	なし	1	1.0	—	2.0	—	0.0	—	3.0	—	9.0	—	—	—
		非接触	母⇨子	1	4.0	—	3.0	—	1.0	—	2.0	—	4.0	—	5.0	—
非笑顔	空白の顔	抱く	母⇔子	1	5.0	—	2.0	—	0.0	—	5.0	—	1.0	—	6.0	—
			なし	1	2.0	—	4.0	—	0.0	—	4.5	—	1.5	—	6.0	—
空白の顔	非笑顔	抱く	母⇨子	1	4.0	—	2.0	—	0.0	—	3.5	—	2.5	—	6.0	—
後ろ姿	空白の顔	抱く	子⇨母	1	5.0	—	2.0	—	1.0	—	5.0	—	2.0	—	4.0	—
		全体		240	3.7	2.0	3.3	1.9	0.6	0.9	3.2	1.6	3.7	1.6	4.5	-1.9

基本パターン:〔母子がともに笑顔/手をつなぐ/アイコンタクトなし〕
*p<.05

である。基本パターンとそれぞれの描画パターン,および一部が異なる描画パターン間について各感情の出現頻度を比較した。結果は以下にまとめた。

①基本パターンと各描画パターンの比較:〔母子がともに笑顔／抱く／母⇔子〕は基本パターンに比べて肯定感情が有意に高く($t=-2.6$, $df=60$, $p<.05$),積極感情も高い傾向がみられた。基本パターンよりも両価感情が有意に高いパターンは〔母子がともに笑顔／抱く／母⇨子〕($t=-2.1$, $df=64$, $p<.05$),〔母親は笑顔・子どもは非笑顔／抱く／母⇨子〕($t=-2.3$, $df=62$, $p<.05$)の2つで,どちらも〔抱く／母⇨子〕のパターンであった。

一方,基本パターンよりも積極感情が高いパターンは〔母子がともに笑顔／手をつなぐ／母⇨子〕($t=-2.6$, $df=57$, $p<.05$),逆に基本パターンよりも積極感情が低い傾向は〔母子がともに笑顔／非接触／アイコンタクトなし〕と〔母子がともに笑顔／非接触／母⇔子〕にみられた。

さらに基本パターンに比べて〔母子がともに非笑顔／非接触／アイコンタクトなし〕は肯定感情が有意に低く($t=2.4$, $df=64$, $p<.05$),〔母子がともに非笑顔／手をつなぐ／アイコンタクトなし〕は否定感情が高い傾向がみられた。

②描画パターン間の比較:身体接触の表現型だけが異なる〔母子がともに笑顔／抱く／母⇔子〕〔母子がともに笑顔／手をつなぐ／母⇔子〕〔母子がともに笑顔／非接触／母⇔子〕について分散分析を行った結果,肯定感情と積極感情が有意であった(肯定感情 $F(2, 33)=3.83$, $p<.05$;積極感情 $F(2, 33)=4.55$, $p<.05$)。多重比較によれば,〔母子がともに笑顔／抱く／母⇔子〕は〔母子がともに笑顔／手をつなぐ／母⇔子〕や〔母子がともに笑顔／非接触／母⇔子〕よりも肯定感情と積極感情が有意に高かった。

また,アイコンタクトの表現型だけが異なる〔母子がともに笑顔／抱く／母⇔子〕と〔母子がともに笑顔／抱く／母⇨子〕を比較した。その結果,母子がともに笑顔で抱いている場合は,〔母⇔子〕が〔母⇨子〕よりも肯定感情が高く,両価感情が低い傾向がみられた。

(3) TEG

表3-44は各描画パターンに対する自我状態の平均と標準偏差を示したものである。基本パターンと各描画パターン,および一部が異なる描画パターン間について各得点を比較した。結果は以下にまとめた。

第2章 母子画と心理検査

表3-44 各描画パターンのTEGの平均値

母表情	子表情	身体接触・アイコンタクト		度数	CP Mean	SD	NP Mean	SD	A Mean	SD	FC Mean	SD	AC Mean	SD
笑顔	笑顔	抱く	母⇔子	7	8.9	4.4	16.7	3.0	13.0	2.1	13.6*	2.8	12.0	6.1
			母⇨子	8	8.9	3.9	15.0	3.9	10.4	3.2	12.3	4.6	11.5	6.7
			なし	2	5.0	7.1	14.0	2.8	10.5	4.9	9.0	4.2	10.0	11.3
		手をつなぐ	母⇔子	12	6.7	3.8	15.1	4.2	12.1	4.0	14.0	4.9	8.8	5.8
			母⇨子	3	5.7	2.3	15.3	2.5	4.3	2.1	13.7	4.0	11.0	4.4
			子⇨母	3	8.0	3.6	10.0	3.0	7.0	7.8	12.0	5.0	12.3	2.3
			なし	31	6.7	4.3	13.1	5.3	10.3	4.3	12.0	5.1	11.1	4.6
		非接触	母⇔子	2	5.0	4.2	15.0	1.4	1.5	0.7	15.0	1.4	12.0	8.5
			母⇨子	2	6.5	2.1	14.0	0.0	11.0	4.2	9.0	2.8	18.0	2.8
			なし	8	6.5	5.0	11.4	3.9	8.0	5.8	7.9	5.5	14.4	6.2
非笑顔	非笑顔	抱く	母⇨子	4	4.0	3.9	12.5	4.2	10.0	5.6	14.0	4.5	10.0	4.4
			なし	2	11.5	4.9	14.5	6.4	11.0	7.1	8.0	5.7	16.0	5.7
		手をつなぐ	母⇔子	2	1.0	1.4	17.0	1.4	12.5	4.9	15.5	0.7	5.5	7.8
			子⇨母	2	7.5	0.7	9.0	2.8	9.5	3.5	9.0	7.1	6.0	8.5
			なし	6	6.7	3.7	10.8	2.3	9.8	4.5	11.5	3.9	9.3	5.0
		非接触	なし	9	7.8	3.6	9.2	4.3	12.6	2.9	10.9	4.7	9.3	5.3
後ろ姿	後ろ姿	手をつなぐ	子⇨母	1	15.0	-	17.0	-	12.0	-	15.0	-	8.0	-
			なし	2	11.5	0.7	7.0	1.4	9.0	1.4	9.5	2.1	12.0	0.0
空白の顔	空白の顔	抱く	母⇨子	1	13.0	-	6.0	-	20.0	-	8.0	-	11.0	-
			なし	4	8.0	5.2	15.8	1.3	9.3	6.6	9.5	1.9	12.0	4.3
		手をつなぐ	子⇨母	1	6.0	-	18.0	-	9.0	-	10.0	-	18.0	-
			なし	10	11.4**	5.4	13.3	3.2	8.8	4.4	8.5*	3.6	14.4	5.8
		非接触	母⇨子	1	5.0	-	5.0	-	15.0	-	16.0	-	2.0	-
			子⇨母	1	13.0	-	9.0	-	17.0	-	10.0	-	10.0	-
			なし	3	7.7	3.1	11.3	2.1	11.7	3.5	7.3	1.5	15.7	3.5
笑顔	非笑顔	抱く	母⇨子	8	7.3	4.4	15.0	3.9	9.5	3.4	13.5	4.0	11.8	4.6
			なし	4	8.3	2.9	15.8	3.3	11.5	3.1	12.8	2.2	12.3	2.6
		手をつなぐ	母⇨子	2	8.0	5.7	13.0	4.2	12.0	2.8	16.5	4.9	12.5	7.8
			なし	4	7.0	2.8	11.5	9.2	9.0	4.2	14.5	4.9	8.0	5.7
非笑顔	笑顔	抱く	母⇨子	1	8.0	-	14.0	-	10.0	-	4.0	-	14.0	-
		手をつなぐ	なし	4	10.0	3.9	11.5	6.4	11.0	2.2	10.3	5.7	9.5	2.4
		非接触	母⇨子	1	5.0	-	15.0	-	9.0	-	14.0	-	17.0	-
			なし	2	6.5	2.1	14.0	1.4	14.0	7.1	15.0	4.2	6.5	6.4
笑顔	空白の顔	抱く	母⇨子	1	2.0	-	14.0	-	2.0	-	4.0	-	20.0	-
			なし	1	10.0	-	15.0	-	9.0	-	19.0	-	6.0	-
空白の顔	笑顔	手をつなぐ	なし	1	7.0	-	14.0	-	9.0	-	16.0	-	6.0	-
後ろ姿	非笑顔	非接触	母⇨子	1	7.0	-	15.0	-	11.0	-	11.0	-	12.0	-
			なし	1	15.0	-	4.0	-	10.0	-	14.0	-	12.0	-
非笑顔	空白の顔	抱く	母⇨子	1	8.0	-	13.0	-	10.0	-	18.0	-	5.0	-
			なし	1	14.0	-	11.0	-	11.0	-	12.0	-	15.0	-
空白の顔	後ろ姿	手をつなぐ	母⇨子	1	9.0	-	16.0	-	6.0	-	6.0	-	15.0	-
		非接触	なし	1	2.0	-	15.0	-	7.0	-	6.0	-	12.0	-
		全体		160	7.6	4.3	13.2	4.4	10.3	4.3	11.7	4.7	11.3	5.3

基本パターン:〔母子がともに笑顔/手をつなぐ/アイコンタクトなし〕
*p<.05 **p<.01

①基本パターンと各描画パターンの比較：〔母子がともに笑顔／抱く／母⇔子〕は基本パターンよりもFCが有意に高く（$t=-2.2, df=35, p<.05$），NPも高い傾向がみられた。逆に〔母子がともに笑顔／非接触／アイコンタクトなし〕は基本パターンよりもFCが低い傾向，〔母子がともに非笑顔／非接触／アイコンタクトなし〕は基本パターンよりもNPが低い傾向がみられた。

さらに〔母子がともに空白の顔／手をつなぐ／アイコンタクトなし〕は基本パターンよりもFCが有意に低い（$t=2.0, df=39, p<.05$），CPが有意に高い（$t=-2.8, df=39, p<.01$）という結果が得られ，ACも高い傾向がみられた。

②描画パターン間の比較：母子の表情だけが異なる〔母子がともに笑顔／非接触／アイコンタクトなし〕と〔母子がともに非笑顔／非接触／アイコンタクトなし〕を比較した。その結果，〔母子がともに笑顔／非接触／アイコンタクトなし〕のAは〔母子がともに非笑顔／非接触／アイコンタクトなし〕よりも高い傾向がみられた。

〔母子がともに笑顔／非接触／アイコンタクトなし〕では〔顔〕の形態が18.2％にみられたため，〔母子がともに笑顔／非接触／アイコンタクトなし〕のパターンをさらに〔顔〕と〔全身〕に分けて比較した。出現頻度が少なかったため統計的検討は行わなかったが，このパターンで〔顔〕の母子像を描く人は〔全身〕を描く人よりもNP，A，FCが低く，ACが高い傾向をもつように思われた（表3-45参照）。

表3-45 〔母子が笑顔／非接触／アイコンタクトなし〕における〔顔〕と〔全身〕のTEGの比較

	度数	CP		NP		A		FC		AC	
		Mean	SD	Mean	SD	Mean	SD	Mean	SD	Mean	SD
〔顔〕	5	6.2	3.9	13.2	2.3	10.8	5.5	10.6	4.9	11.8	6.7
〔全身〕	3	7.0	7.6	8.0	4.0	3.3	2.3	3.3	3.1	18.7	1.2

4 母子画得点と心理検査

表3-46に母子画得点と心理検査の各尺度の相関係数を示す。相関係数の有意性を検定した結果，secure得点（$r=-.139$），avoidant得点（$r=.207$），CP（$r=.167$），NP（$r=-.268$），FC（$r=-.253$）が有意であった。相関係数が.2以上を示したのはavoidant得点，NP，FCであり，これらの尺度と母子画得点の間には弱い相関が認められた。

表3-46 母子画得点と心理検査の相関

	相関係数	有意確率
secure 得点	−.139	p<.05
anxious 得点	.081	
avoidant 得点	.207	p<.01
肯定感情	−.148	
否定感情	.063	
両価感情	−.033	
積極感情	−.055	
消極感情	−.050	
防衛感情	.115	
CP	.167	p<.05
NP	−.268	p<.01
A	−.045	
FC	−.253	p<.01
AC	.061	

第3章

母子画の解釈仮説

　第3章では，第1章と第2章の結果を総合的に考察し，描画指標の表現型や標準・準標準・非標準タイプ，描画パターン，母子画得点の解釈仮説を提示する。

第1節　描画指標の解釈

1 形態

　母子像の形態は〔全身〕が標準的なスタイルであり，〔半身〕の母子像も特に問題を示唆するものではなかった。母子画において注意が必要な形態は，手や腕のない〔顔〕の母子像である。〔顔〕の母子像を描いた被検者は，〔半身〕を描く人よりもsecure得点が低く，他の形態を描く人よりもNPが低かった。この結果は，〔顔〕の母子像を描く人は母親からの安定した養育体験が乏しく，他者への共感的な態度が持ちにくい人であることを意味している。〔顔〕の母子像を描くことは，その人の心的世界の母親や子どもが顔だけしかないということであり，手が象徴する母親からの世話を十分に受けていないこと，その人にとっての母親が部分的にしか存在しないこと（部分対象関係）を示す指標であると考えられた。

　一方，〔隠れている〕という形態も出現頻度の少ない形態であった。〔隠れている〕は全身が想定されているものの，何かに隠れて全身が見えないケースである。今回の調査では〔隠れている〕の意味を明らかにすることはできなかっ

たが，〔隠れている〕には全体対象−部分対象とは異なる次元の内容，たとえば全体としての自分に向き合えないという意味，また布団をかぶっている場合などは保護といった意味も予想される。今後さらに〔隠れている〕母子像の事例を収集し，母子画における〔隠れている〕の意味を検討する必要がある。

2　サイズ

　一般的に，人物像のサイズは被検者の自尊心や活動性，感情の状態と関連するといわれている。今回は〔大きい〕母子像を描く人が〔普通〕の母子像を描く人よりもNPが高いという結果が得られた。高すぎるNPは相手の自立や独立を抑制すると解釈されるが，〔大きい〕母子像を描いた被検者は他の自我状態も比較的高く，ここでのNPはポジティブな意味に解釈した。したがって，〔大きい〕母子像は母親から共感的な思いやりのある態度で育てられたこと，それに基づく自尊心や活動性の高さを示す指標であると考えられる。

　一方で，〔小さい〕母子像を描く人は〔大きい〕母子像を描く人よりもsecure得点が低く，NPも低かった。よって〔小さい〕母子像を描く人は，母親との間で安定した関係を体験できず，そのため他者との親和的な関係を期待できない人だと解釈できる。〔小さい〕母子像は自分にも他者にも共感的になれないことを示すサインといえるだろう。

　また母子像の大きさが一致しない場合であるが，〔母親は普通・子どもは小さい〕や〔母親は大きい・子どもは普通〕のような〔母親＞子ども〕のバランスで描かれた母子画は特に問題はない。しかし〔母親は小さい・子どもは普通〕や〔母親は普通・子どもは大きい〕のような〔母親＜子ども〕のバランスで描かれた母子画は出現頻度が少なく例外的なものであった。統計的な比較は行っていないが，〔母親は小さい・子どもは普通〕や〔母親は普通・子どもは大きい〕を描く人の中にはsecure得点の低い人やNPやFCの低い人が含まれており，〔母親＜子ども〕のバランスで描かれる母子画が対象関係の何らかの問題を象徴している可能性は高い。今後〔母親＜子ども〕の意味を解明することができれば，母子画解釈の重要な視点になるのではないだろうか。

3 表情

　人物像の表情は被検者の感情を反映するといわれ（Machover, 1949），Kohutによれば，母親の適切な養育によって子どもの心の中にはsoothing，つまり「なだめる」機能が取り入れられる（Lee & Martin, 1991）。笑顔の母子像は，被検者の心の中に子どもをなだめるような笑顔の母親が取り入れられたこと，それによって子どももなごやかな気持ちになっていることを象徴していると考えられる。今回の心理検査では〔母子がともに笑顔〕は〔母子がともに非笑顔〕よりもsecure得点や肯定感情が高く，avoidant得点が低いという結果が得られた。このことは，〔母子がともに笑顔〕を描く人には他者への信頼感や相互依存的・親和的関係を期待する内的作業モデルが存在することを意味しており，上述の仮説を支持するものである。

　また〔非笑顔〕の母子像は，まさにその表情が示しているように，母親との間で笑顔になれないような体験が重なったこと，その関係性が他者との関係の原点となって他者を信頼できず肯定的な感情を持つことが難しいことを示唆すると思われた。さらに〔非笑顔〕は〔空白の顔〕よりもFCが高いという結果を含めて考えれば，〔非笑顔〕の母子像を描く人は笑顔になれない感情を否認しないで表現できる人だといえる。

　次に〔後ろ姿〕であるが，〔後ろ姿〕の人物像は本当の自分の姿を隠そうとする傾向や逃避的な構えがあることを意味するといわれている（高橋・高橋 1991）。母子像の後ろ姿にも同様の意味があると予想されたが，〔後ろ姿〕を描く人に防衛感情が高いといった特徴はみられなかった。しかし，心的世界の母親や子どもが背を向けていることには何らかの意味があると思われる。表情の〔後ろ姿〕と形態の〔隠れている〕は自分の一部を隠しているという点では共通しているが，顔を隠すことと身体を隠すことでは意味が異なることも予想される。〔後ろ姿〕の解釈については新たな視点を導入して検討する必要があるだろう。

　今回の調査において，〔空白の顔〕を描く人は〔笑顔〕や〔非笑顔〕を描く人よりもCPが高くFCが低い，さらに〔非笑顔〕を描く人よりもavoidant得点が高いという結果が得られた。したがって，〔空白の顔〕を描く人は母親との間で本来の自分を見せることがよくないことだと感じ，感情表現を抑制し回

避するようになった人だと理解される。CPの高い人は親からの厳しい批判にさらされ，自分もまた批判的な態度を持つようになった人である。〔空白の顔〕は他者からの非難を否認すると同時に，自分の攻撃性にも向き合わないという意味も持つと考えられる。

　母子の表情は一致していることが基本であり，不一致は例外的であった。〔母親は笑顔・子どもは非笑顔〕のような不一致の場合は，被検者の心的世界が笑顔の示す感情と非笑顔の示す感情が混在した不安定な状態にあると解釈できるかもしれない。

4 身体接触

　母子像の身体接触は肯定的コミュニケーションや心の絆，内的対象の結びつきを象徴するものであり，〔抱く〕が「抱えること」(Winnicot, 1986) あるいは「コンテイナーとコンテインド」(Bion, 1962) を象徴しているのではないかと予測した。心理検査では〔非接触〕が〔手をつなぐ〕よりもavoidant得点が高いという結果が得られ，〔手をつなぐ〕が肯定的な意味を持つことが確認された。一方で〔抱く〕と〔手をつなぐ〕の違いは明らかにされなかった。この結果は，基本的信頼感や大人の部分が子どもの自分を守り世話をする（北山，2001）という点では，〔抱く〕と〔手をつなぐ〕が同様の意味を持つということであろう。また，身体接触はどのような形で接触しているかだけでなく，どのような表情（感情）で接触しているのかも考える必要がある。よって，身体接触の表現型については描画パターンの解釈のところで詳しく考察する。

5 アイコンタクト

　母親像と子ども像が互いに見つめ合うアイコンタクトからは，母子の相互的交流が感じられる。北山（2001）は，Bionのコンテインの能力について「相手が自分に怒りや愛情をぶつけてくる際に，器や受け皿としてそれを受け止めて解きほぐし，取り扱いやすいものにして返すという仕事であり，乳児にとっては母親が行い，患者にとっては治療者が行うことが期待される」(p. 34) と述べている。子どもは母親へ感情を伝え，母親がそれを穏やかに子どもに戻

し，子どもが母親からそれを受け取る。子どもはこのような相互的・循環的な交流を通じて安定した心的世界を発達させ，同時に母親のコンテインの能力を取り入れる。このような相互的・循環的な交流が，母子の互いに見つめ合う〔母⇔子〕アイコンタクトとして母子画に表象されると予想した。

また，Bionの理論では，まず乳児が愛情や怒りを母親に投げかけ，それを母親が受け止めて乳児に投げ返すと考える。この点から以下のような仮説を立てた。子ども像が母親像を見つめ，母親像は見つめ返さない〔子⇨母〕のアイコンタクトは，子どもが投げかけた感情を母親が受け止めなかったことを意味し，このような母親の対応を取り入れた子どもは他者を受け入れることが難しい。一方，母親像が子ども像を見つめ，子ども像は見つめ返さない〔母⇨子〕のアイコンタクトは，母親から投げ返された感情を子どもが受け入れられないことを意味すると仮定した。

このような仮説を立てたアイコンタクトであったが，心理検査の結果は〔母⇔子〕が〔アイコンタクトなし〕よりもNPやFCが高いというものであった。〔アイコンタクトなし〕はアイコンタクトの標準タイプであり，特に問題を示唆するものではない。しかし，〔母⇔子〕を描く人のほうが豊かな相互的・循環的交流を体験し，母親の養育的態度（コンテインの能力）を取り入れた人であると考えられた。ここでは〔子⇨母〕や〔母⇨子〕の特徴を見出すことができなかったが，身体接触と同様に描画パターンの解釈で改めて検討する。

6 描画指標の性差

本研究は描画の意味，すなわち母子画に表象される被検者の心の内容を描画指標から読み取り解釈しようとするものであって，母子画に現れる性差を明らかにするものではない。描画指標の出現頻度について性差を検討した結果，子ども像のサイズ，母親像の表情，子ども像の表情，身体接触，アイコンタクトに有意な偏りが認められた。出現頻度に偏りのみられた表現型に関しては心理検査の平均を確認したが[★7]，男女の表現型の出現頻度に偏りがみられても多くの心理検査には差がみられなかった。そこで被検者の性別によって出現頻度の

★7　これらの結果は付表5として巻末に示した。

偏りはあるとしても，母子画の解釈において性別が大きな影響を与えるものではないと考えられた。

第2節　標準タイプ・準標準タイプ・非標準タイプの解釈

1　標準タイプ

　標準タイプは一般的で普通の母子画であると考えられたが，今回の結果によって標準タイプの表現型は心理検査の数値も平均的であり，特に問題のないことが確認された。また，表情や身体接触では標準タイプが準標準タイプよりもsecure得点や肯定感情が高い，avoidant得点や否定感情が低いといった特徴がみられた。ここから，標準タイプの表情や身体接触を描く人は，準標準タイプのそれを描く人よりも基本的に安定した養育環境に育った人であり，自他への信頼感や肯定的な感情が育まれた人であると考えられる。

2　準標準タイプ

　表情の準標準タイプである〔非笑顔〕や〔空白〕，身体接触の準標準タイプである〔抱く〕や〔非接触〕を描く人は，標準タイプの〔笑顔〕や〔手をつなぐ〕を描く人に比べてsecure得点や肯定感情が低い，avoidant得点や否定感情が高いという特徴がみられた。一方で，アイコンタクトの準標準タイプである〔母⇔子〕や〔母⇨子〕を描く人は，標準タイプの〔アイコンタクトなし〕を描く人よりもNPとFCが高いという結果が得られた。〔母⇔子〕や〔母⇨子〕のアイコンタクトを描く人が〔アイコンタクトなし〕の人よりも共感性が高く，感情表現も豊かであるという結果はうなずけるものである。準標準タイプは標準から大きくはずれてはいないが普通ともいえないレベルの母子画であって，標準からのずれがポジティブな方向のものであればより良好なサインとなり，ネガティブな方向へのずれであれば問題を示唆するサインとなる。準標準タイプの表現型の場合は，標準からのずれがどちらへのずれであるのかを見極めることが重要である。

③ 非標準タイプ

今回の検査では，非標準タイプの特徴を明らかにすることはできなかった。非標準タイプの母子画は標準から大きくはずれた特異または特殊な母子画であり，準標準タイプと同様にプラスの項目とマイナスの項目があると考えられる。個々に独特な心的世界を表現した非標準タイプの表現型をグループとして扱ったことにより，個々の特徴が相殺され，上述のような結果になったと考えられる。非標準タイプの場合は個別にその特殊な意味を読み取り，解釈することが必要であろう。

第3節　描画パターンの解釈

① 出現頻度の多い描画パターン

（1）基本パターン〔母子がともに笑顔／手をつなぐ／アイコンタクトなし〕

基本パターンはすべての表現型が標準タイプのパターンであり，心理検査においても全体の標準としての意味を持つことが確認された。実際に母子画を解釈する際には形態やサイズも重要な視点であるが，被検者の描いた母子画が基本パターンであれば，その人の心的世界は概ね安定したものであり，一般的な心の絆は形成され，他者とそれほど問題なくかかわることができる人だと解釈される。

また，図3-19に示した〔母子がともに笑顔／手をつなぐ／母⇔子〕は基本パターンとの間に差がなく，基本パターンの亜型であると思われた。両パターンに差がないということは，基本パターンである〔母子がともに笑顔／手をつなぐ／アイコンタクトなし〕にも相互的交流が包まれているとみなしてよいだろう。

図3-19〔母子がともに笑顔／手をつなぐ／母⇔子〕

（2）〔母子がともに笑顔／抱く／母⇔子〕

図3-20は〔母子がともに笑顔／抱く／母⇔子〕のパターンであり，これは

理論的には最も望ましいパターンである。このパターンと基本パターンを比較した結果，このパターンは基本パターンにくらべて肯定感情や積極感情が高く，NPやFCも高いという結果が得られ，これが最も望ましいパターンであることが心理検査からも示された。

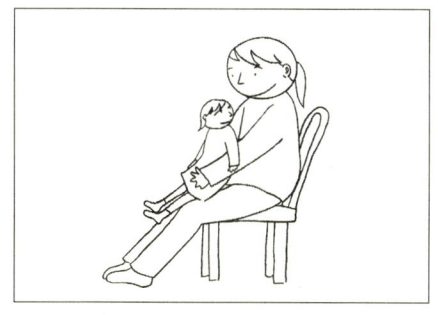

図3-20〔母子がともに笑顔／抱く／母⇔子〕

　このパターンの母子画を描く人は，積極的な愛情や受容的な態度を有し，自分を信じ，相手を信じることのできる人である。親の共感的な対応や思いやりのある養育を取り入れ，他者にも同じように接することができる。また活発で自由な自己表現も可能である。母親が子どもを〔抱く〕行為は，〔手をつなぐ〕に比べると母親主体の行為であるが，〔母⇔子〕のアイコンタクトによってそれを子どもが受け入れていることが示されている。このパターンの母子の関係性は，相互的な関係性，あるいは抱える環境，コンテイナーとコンテインドの関係性として理解される。

(3)〔母子がともに笑顔／抱く／母⇨子〕

　このパターンは前記(2)の最も望ましいパターンとアイコンタクトが異なるだけで，母親は子どもを抱いて見つめているが，子どもは見つめ返さないところに特徴がある（図3-21参照）。ここに描かれた母親からの働きかけは，被検者が母子関係を通して取り入れた被検者自身の心の動きであり，同時に関係を拒否するような子どもの姿も被検者自身の心の動きとみなされる。

図3-21〔母子がともに笑顔／抱く／母⇨子〕

〔母子がともに笑顔／抱く／母⇨子〕のパターンは基本パターンよりも積極感情が高く，両価感情も高いという結果から，このパターンを描く人は，平均的な人よりも積極的であるが，働きかけようとする気持ちと他者からの働きかけを受け入れられない気持ちの葛

藤が生じている可能性がある。

(4)〔母子がともに笑顔／非接触／母⇔子〕

図3-22は〔母子がともに笑顔／非接触／母⇔子〕の例で，身体接触のかわりに〔母⇔子〕のアイコンタクトが母子の心の交流を表現している。このパターンでは基本パターンよりも積極感情が低いという結果が得られた。手を伸ばして手をつなぐという行為は，目を向けるアイコンタクトよりも直接的な行動を伴う。身体接触もアイコンタクトも心の交流を表象するという点では共通するが，被検者の積極性は母親像と子ども像の身体接触に投映されると考えられた。

図3-22〔母子がともに笑顔／非接触／母⇔子〕

〔母子がともに笑顔／非接触／母⇔子〕は〔母子がともに笑顔／抱く／母⇔子〕よりも肯定感情が低く，〔母子がともに笑顔／接触／母⇔子〕よりもsecure得点が低い。これらの結果から〔母子がともに笑顔／非接触／母⇔子〕のパターンを描く人は，平均的な人に比べると積極的に他者とかかわることが少なく，その背景には母親との安定した親密な体験が少ないこと，他者に肯定的な感情を抱き難いことが推測される。

(5)〔母子がともに笑顔／非接触／アイコンタクトなし〕

これは基本パターンから身体接触をなくしたパターンである（図3-23参照）。このパターンは基本パターンよりもavoidant得点が高い，積極感情とFCが低いという特徴がみられた。

高いavoidant得点と低い積極感情から，このパターンを描く人は母親から無視されたり，拒否された体験が多く，その結果として他者との関係を回避する内的作業モデルが形成され，積極的に人とかかわることを避ける人で

図3-23〔母子がともに笑顔／非接触／アイコンタクトなし〕

第3章　母子画の解釈仮説

あると解釈される。人とかかわることができないという心的世界が〔非接触／アイコンタクトなし〕という形に表現されたとみなしてよいだろう。

このパターンの形態には特徴があり，〔顔〕が18.2％に出現した。〔顔〕には腕や手がないため，必然的に非接触がほとんどであるが，このパターンで形態が〔顔〕の場合は，〔全身〕の場合に比べてNP，A，FCが低く，ACが高い傾向がみられた。このパターンで〔顔〕だけの母子像を描く人が自由な自己表現の抑制された人であり，主体性のないままに周囲に迎合する人だとすれば，この場合の〔笑顔〕は，心地よい感情を反映したものというよりも周囲に迎合した笑顔と解釈されるべきであろう。臨床事例Bでの解釈は心理検査からも裏づけられるものであった。

(6)〔母親は笑顔・子どもは非笑顔／抱く／母⇨子〕〔母親は笑顔・子どもは非笑顔／抱く／アイコンタクトなし〕〔母親は非笑顔・子は笑顔／手をつなぐ／アイコンタクトなし〕

この3つのパターンは，母子像の表情が不一致のパターンである。Gillespie (1994) は，表情の不一致が被検者の心的世界がばらばらであることを示すと解釈している。いろいろな表情の人物が存在する被検者の心的世界は統合されていないと理解するのである。3つのパターンの心理検査結果をみると，〔母親は笑顔・子どもは非笑顔／抱く／母⇨子〕は基本パターンよりも両価感情とavoidant得点が高く，〔母親は笑顔・子どもは非笑顔／抱く／アイコンタクトなし〕と〔母親は非笑顔・子は笑顔／手をつなぐ／アイコンタクトなし〕は基本パターンよりもavoidant得点が高かった。すべてに共通する特徴はavoidant得点の高さであり，表情の不一致は回避的な内的作業モデルの存在を示唆するサインと考えられた。

図3-24は〔母親は笑顔・子どもは非笑顔／抱く／母⇨子〕の母子画である。PDIでは「泣いている子どもを慰める母親」と説明された。母親は子どもを見つめあやしているが，子どもは暴れている。母子像の表情は被検者の

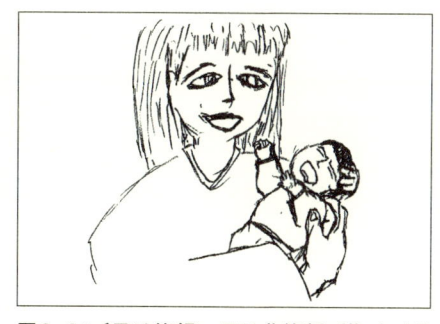

図3-24〔母は笑顔・子は非笑顔／抱く／母⇨子〕

117

心の中に住む母親と子どもの感情とみなされる。この視点から図3-24を解釈すれば，暴れる子どもの気持ちと一方でそれをなだめようとする母親の気持ちが被検者の心の中にあると考えられる。〔母親は笑顔・子どもは非笑顔〕のような表情の不一致は基本的にネガティブなサインであるが，〔母子がともに非笑顔〕のsecure得点は〔母親は非笑顔・子どもは笑顔〕よりも低かった。この結果からは，どちらかの像に笑顔があれば多少なりともsecure得点の示すような他者への親密さを体験していると考えることもできる。図3-24の母子画は，笑顔の母親像が象徴するような被検者自身を慰めるような心の部分と，しかしそれでは対処しきれない心の痛み（回避的作業モデルを形成するような体験）を示していると考えられるかもしれない。

　また前述したように，〔母親は笑顔・子どもは非笑顔〕はavoidant得点の高さ，〔抱く／母⇨子〕は両価感情を表象すると思われる。〔母親は笑顔・子どもは非笑顔／抱く／母⇨子〕のパターンは両者が組み合わさったパターンであり，心理検査からも双方の特徴を併せ持つことが明らかにされた。

(7)〔母子がともに非笑顔／手をつなぐ／アイコンタクトなし〕〔母子がともに非笑顔／非接触／アイコンタクトなし〕

　この2つのパターンは母子の表情が〔非笑顔〕のパターンである（図3-25参照）。非笑顔の母子像を描く人は，母親とのネガティブな体験が取り入れられたために，心的世界の母親や子どもが笑顔になれなかった人だとみなされる。逆にいえば，非笑顔の表情は，被検者のネガティブな体験の象徴である。〔母子がともに非笑顔／手をつなぐ／アイコンタクトなし〕と〔母子がともに非笑顔／非接触／アイコンタクトなし〕はどちらもavoidant得点が高く，否定感情が高いあるいは肯定感情が低いという特徴がみられ，先に述べた表情の仮説を支持するものであった。特に〔母子がともに非笑顔／非接触／アイコンタクトなし〕は否定感情の高さに加えてNPも低く，基本パターンとの比較においては最も問題の多いパタ

図3-25〔母子が非笑顔／非接触／アイコンタクトなし〕

ーンと考えられる。

(8)〔母子がともに空白の顔／抱く／アイコンタクトなし〕〔母子がともに空白の顔／手をつなぐ／アイコンタクトなし〕〔母子がともに空白の顔／非接触／アイコンタクトなし〕

〔母子がともに空白の顔／抱く／アイコンタクトなし〕は基本パターンに比べてavoidant得点が高く，〔母子がともに空白の顔／手をつなぐ／アイコンタクトなし〕は基本パターンに比べてFCが低く，CPとACが高かった。心理検査に表れた特徴は，感情の抑圧や攻撃性の否認といった〔空白の顔〕の特徴が前面に出たものと思われる。

ここで挙げたパターンの違いは身体接触の違いであるが，パターンの間に有意な差はみられなかった。また〔母子がともに非笑顔／手をつなぐ／アイコンタクトなし〕と〔母子がともに非笑顔／非接触／アイコンタクトなし〕の間にも有意な差はみられなかった。これらの結果は，母子がともに空白の顔や非笑顔でアイコンタクトがない場合には，身体接触の有無が意味を持たないということ，言い換えれば身体接触の意味は母子像の表情に左右されるということである。この結果は，母子画の解釈が，どのような表情で母子が接しているのかに注目しなければ十分な解釈が行えないことを示唆したものといえるだろう。

2 出現頻度の少ない描画パターン

以下のパターンは出現率が低く，統計的な検討は行っていない。少数の事例から解釈仮説を導くことはできないが，出現率の低いパターンには標準的な被検者とは異なる心的世界をみることができる。描画の研究ではこのような事例を1つ1つ検討しながら仮説を提示する作業が必要である。今回は今後の研究の足がかりとして，出現頻度の少なかったパターンについても事例的に検討する。

(1)〔母子がともに笑顔／手をつなぐ／子⇨母〕

アイコンタクトの解釈仮説として，筆者は〔子⇨母〕のアイコンタクトが子どもが投げかけた感情を母親が受け止めなかったことを象徴するのではないかと考えた。図3-26は〔子⇨母〕のアイコンタクトを示した母子画の例であるが，この被検者はavoidant得点と両価感情の高さが特徴であった。avoidant

得点の高さは，愛着対象から無視や拒否を受けたことにより，他者との関係を回避する内的作業モデルが成立していることを意味する。母子画に示された〔子⇨母〕へのアイコンタクト，すなわち「母親は子どもの視線を受け止めず，子どもは無視される」という心的世界は，回避的な内的作業モデルをそのままに表現したものであった。

図3-26 〔母子がともに笑顔／手をつなぐ／子⇨母〕

　avoidant得点の高いパターンは少なくないが，そのほとんどはアイコンタクトのないパターンであった。図3-26のような子どもが母親に視線を向けている絵は，アイコンタクトがない場合よりも子どもの「こちらを見てほしい」という気持ちが伝わってくる。他者を避けたい気持ちと求めつづける気持ちが共存しており，そのことが両価感情の高さからもうかがえた事例であった。

　(2)〔母子がともに笑顔／非接触／母⇨子〕〔母子がともに非笑顔／非接触／母⇨子〕
　図3-27は〔母子がともに笑顔／非接触／母⇨子〕の例である。笑顔の母親が犬を連れた子どもを見つめている。この被検者はavoidant得点が高く，TEGはCPとFCが低値でACが高値のN型であった。心理検査からは回避的な内的作業モデルの存在と，相手を批判したり自己主張をすることのできない被検者像が理解された。心理検査の結果をふまえて，「被検者の心的世界がどのように母子画に表象されているのか」という視点で母子画を見直すと，この母子画は母親の視線を拒否し，母親から離れようとする子どもの姿と見ることもできる。早期の対象関係が投映されると仮定する母子画では，被検者には母親と直面できないような体験があったのかもしれないと解釈するほうが心理検査と一致するように思われた。また，図3-28は〔母子がともに非笑顔／非接触／母⇨子〕の例で，心配そうに子どもの寝顔を見ている母親の姿はあまり違和感のないものである。しかしこの事例も，心理検査には回避的な内的作業モデルと他者に対する愛情や安心感が持てない被検者像が強く示されていた。

　図3-27のように笑顔の母親が子どもを見つめる姿は身体接触がなくても問題がない，あるいは図3-28のように寝ている場合には笑顔や身体接触がなく

第3章　母子画の解釈仮説

図3-27〔母子がともに笑顔／非接触／母⇨子〕

図3-28〔母子がともに非笑顔／非接触／母⇨子〕

ても当然だと思いやすい。しかし母子画に描かれた世界は家族画のような日常生活の一場面ではなく，被検者の心の中に培われた母子関係のイメージである。したがって，適切な養育環境にあったと想定される大学生の基本パターンが，図3-27や図3-28のようなものではなく，母子がともに笑顔で手をつなぐような心の交流を描いたものになったのではないだろうか。図3-27や図3-28の母子画を日常生活の一場面として読めば，心理検査に示されたような被検者の心理的側面を見落としてしまう。母子画では母親像と子ども像の関係性に注目し，〔非接触〕や〔母⇨子〕という表現型の意味，また描画パターンとしての意味を理解する必要があると改めて感じさせた母子画である。

(3)〔母親は笑顔・子どもは非笑顔／非接触／アイコンタクトなし〕

　図3-29は〔母親は笑顔・子どもは非笑顔／非接触／アイコンタクトなし〕の例である。このパターンでは身体接触やアイコンタクトがないだけでなく，母子の表情も異なり，母子のつながりがまったくない。理論的には，このような母子画を描く被検者の自己は断片化している（Kohut, 1987），あるいは良い自己（たとえば笑顔の母親像）と悪い自己（非笑顔の子ども像）がスプリッティングされていると解釈される。

　この事例の心理検査には特に問題が

図3-29〔母親は笑顔・子どもは非笑顔／非接触／アイコンタクトなし〕

なく，現段階ではこのパターンが出現頻度の少ない特殊なものであるとしかいえない。しかし境界性人格障害などの場合に，質問紙法では問題が顕在化しないが，投映法では病態水準の低さが露呈することがある。出現頻度からみてこのパターンの表現する世界が特殊なものであることはまちがいない。このパターンが象徴している心的世界が解明され，病態水準との関連を確認することができれば，母子画を臨床的な病態水準の鑑別に利用することも可能であろう。

第4節　母子画得点の解釈

　母子画得点と心理検査の相関を調べた結果，母子画得点とavoidant得点（$r=.207$），NP（$r=-.268$），FC（$r=-.253$）の間に弱い相関がみられた。母子画得点のもととなる母子像の表情は被検者の感情を表象し，身体接触とアイコンタクトは心の交流の有無と濃淡を表象する。母子画得点がこのような異なる側面を包括しているために，単一の尺度との相関は弱い相関になったのではないだろうか。

　第1章で述べたように，母子画得点は数値が小さいほど良好で，数値が大きくなるにつれ不良を示す。今回の結果は弱い相関ではあるが，avoidant得点とは正の相関，NPやFCとは負の相関が認められた。これによって低い母子画得点が親の養育的態度を取り入れたことや自由な自己表現と関連し，高い母子画得点が回避的な内的作業モデルの存在と関連することが示唆された。母子画得点はあくまでも目安ではあるが，母子画得点を利用することにより被検者の対象関係の概要を知ることが可能である。

第5節　母子画解釈の手順——母子画記録票の利用

　前節までに描画指標，タイプ，描画パターン，母子画得点の解釈仮説を提示した。ここでは筆者が作成した母子画記録票を用いた母子画解釈の手順について述べる。

　図3-30に母子画記録票を示す。母子画記録票は，まず氏名や年齢，性別，主訴などを記入する。被検者の生育歴や家族構成の情報は，母子画を解釈する

うえで重要な情報となるのでていねいに聴取する。また，被検者が主体的に検査を受け入れていなければ正しい解釈はできない。よって検査状況や被検者からの質問，描画時の様子などを検査態度として記録し，検査結果と突き合わせながら解釈を進める。母子画の分析は以下の手続きで行う。

①描画指標のチェック：①母子像の種類，②形態，③サイズ，④表情，⑤身体接触，⑥アイコンタクトの描画指標が，どのような表現型で描かれたかをチェックする。第Ⅱ部第1章で示した事例Aの母子画記録票は①母子像の種類が〔人間〕，②形態は〔母子全身〕，③サイズは〔母大子普〕，④表情は〔母子空白の顔〕，⑤身体接触は〔手をつなぐ〕，⑥アイコンタクトは〔なし〕となる（図3-31参照）。母子画記録票に記載された表現型をチェックすると，その表現型が標準タイプ・準標準タイプ・非標準タイプのどれに該当するのかを把握できる。準標準タイプや非標準タイプの表現型は解釈の重要な視点となるが，事例Aの場合はサイズと表情が準標準タイプであり，特に④表情〔母子空白の顔〕が特徴である。

②描画指標についての直観的コメント：ここには①から⑥までのチェック項目では捉えきれない微妙なニュアンスについて記録する。事例Aでは"身体接触は手をつなぐというよりも，母親が子どもの腕をつかんでいるように見える""母親側だけが省略された耳・単線の腕"といった検査者のコメントを記述する。

③描画パターンの把握：次に描画パターンを分析する。描画指標と同様に該当箇所をチェックし，〔表情／身体接触／アイコンタクト〕の順に記載すると描画パターンとなる。〔母子空白の顔／手をつなぐ／アイコンタクトなし〕が事例Aの描画パターンである。同時に，描画パターンの該当箇所に示された得点の合計が母子画得点である。事例Aでは〔母子空白の顔；5／手をつなぐ；2／アイコンタクトなし；3〕となり，母子画得点は10点である。10点は対象関係に何らかの問題が想定される「やや不良」に含まれ，インテーク面接やその他の情報を含めてやや不良の内容を具体的に検討する。

④PDI指標の記録：記録票では「母子の行為」「母親の考えていること」「子どもの考えていること」の項目を挙げたが，その他にも母親像の年齢や子ども像の年齢，性別なども必要に応じて記録する。また，描画上の表現とPDIの説明

第Ⅲ部　母子画の基礎的研究

検査日時：　　/　　/　　　検査者：

氏名：	生年月日：　　/　　/　　歳	性別：男・女
職業：	学歴：	

主訴：

生育歴：

家族構成：

検査態度：

A：描画指標	該当箇所に○		
	標準	準標準	非標準
①母子像の種類	人間		動物／抽象的表現
②形態	母子全身	母半身・子全身； 母子半身； 母全身・子半身	母子空白／母全身・子隠れている；母半身・子隠れている／母半身・子顔／母子隠れている／子顔・全身；母隠れている／子全身／母顔・子隠れている
③サイズ	母普子普	母普子小；母大子普	母大子大／母小子小／隠れているため測定から除外／母普子大；母小子普／母大子小／母小子大
④表情	母子笑顔	母子非笑顔／ 母笑顔・子非笑顔／ 母非笑顔・子笑顔／ 母子空白の顔	母笑顔・子空白の顔；母非笑顔・子空白の顔； 母非笑顔・子後ろ姿；母笑顔・子後ろ姿／母子後ろ姿／ 母後ろ姿・子非笑顔；母空白の顔・子非笑顔／ 母空白の顔・子笑顔；母後ろ姿・子笑顔／母空白の顔・ 子後ろ姿；母後ろ姿・子空白の顔
⑤身体接触	手をつなぐ	抱く／非接触	子からの接触
⑥アイコンタクト	なし	母⇔子／母⇨子	子⇨母

描画指標についての直観的コメント

B：描画パターンの分析　　該当箇所の得点に○　　パターン〔　　/　　/　　〕
①表情　　母子笑顔；1　　母笑顔・子非笑顔；2　　母非笑顔・子笑顔；2　　母笑顔・子後ろ姿；4
　　　　　母後ろ姿・子笑顔；4　　母子空白の顔；5　　母後ろ姿・子笑顔；5　　母笑顔・子空白の顔；5
　　　　　母後ろ姿・子非笑顔；5　　母非笑顔・子空白の顔；5　　母非笑顔；6　　母空白の顔・子非笑顔；6
　　　　　母空白の顔・子笑顔；7　　母空白の顔・子後ろ姿；8　　母後ろ姿・子空白の顔；8
②身体接触　　抱く；1　　手をつなぐ；2　　非接触；3　　子からの接触；4
③アイコンタクト　　母⇔子；1　　母⇨子；2　　アイコンタクトなし；3　　子⇨母；4
④母子画得点（①②③の該当箇所の得点を合計）
　　　3点（5.3％；良好）　　4～5点（22.4％；やや良好）　　6～9点（60.3％；普通）
　　　10～11点（10.5％；やや不良）　　12～16点（1.4％；不良）

PDI指標
1.母子の行為　　　「　　　　　　　　　　　」
2.母親の考えていること　「　　　　　　　　　　　」
3.子どもの考えていること「　　　　　　　　　　　」

全体所見

図 3-30　母子画記録票

第3章 母子画の解釈仮説

検査日時： / /	検査者：

氏名：A	生年月日： /26 歳	性別： 男・㊛
職業：会社勤務	学歴：短大卒	

主訴：「気分が落ち込む」「掃除をしないではいられない」「不安」（診断：うつ状態）
　　1年前より職場の人間関係のストレスから身体症状が出現。

生育歴：母親の顔色を見ながら育つ。母親はかなり厳しい。拒食傾向。

家族構成：実父母。Aに兄弟はいない。現在は夫，息子との3人家族。

検査態度：インテーク面接の最後に実施。特に抵抗はない様子。短時間で描き終えた。

A：描画指標	該当箇所に○		
	標準	準標準	非標準
①母子像の種類	㊗人間		動物／抽象的表現
②形態	㊗母子全身	母半身・子全身：母子半身：母全身・子半身	母子顔／母全身・子隠れている：母半身・子隠れている／母半身・子顔／母隠れている／母顔・子全身：子隠れている・子全身／母顔・子隠れている
③サイズ	母普子普	母普子小 ㊗母大子普	母大子大／母小子小／隠れているため測定から除外／母普子大／母小子普／母大子小／母小子大
④表情	母子笑顔	母子非笑顔／母笑顔・子非笑顔／母非笑顔・子笑顔／㊗母空白の顔	母笑顔・子空白の顔；母非笑顔・子空白の顔；母笑顔・子後ろ姿；母非笑顔・子後ろ姿；母後ろ姿・子非笑顔；母空白の顔・子笑顔；母空白の顔・子笑顔；母後ろ姿・子笑顔／母空白の顔・子後ろ姿；母後ろ姿・子空白の顔
⑤身体接触	㊗手をつなぐ	抱く／非接触	子からの接触
⑥アイコンタクト	㊗なし	母⇔子／母⇨子	子⇨母

描画指標についての直観的コメント
　手をつなぐというよりも，母親が子どもの腕をつかんでいる感じ。子ども像の耳は母親側だけが省略され，腕も単線である。母親は父親のようにも見える。尖った靴，グローブ状の指。

B：描画パターンの分析　該当箇所の得点に○　パターン〔母子空白の顔／手をつなぐ／アイコンタクトなし〕
①表情　母子笑顔；1　母笑顔・子非笑顔；2　母非笑顔・子笑顔；2　母非笑顔；3　母笑顔・子後ろ姿；4
母後ろ姿・子笑顔；4　母空白の顔；㊗5　母後ろ姿；5　母笑顔・子空白の顔；5
母後ろ姿・子笑顔；5　母非笑顔・子空白の顔；5　母空白の顔・子非笑顔；6　母空白の顔・子非笑顔；6
母空白の顔・子笑顔；7　母非笑顔・子後ろ姿；8　母後ろ姿・子空白の顔；8
②身体接触　　抱く；1　手をつなぐ；㊗2　非接触；3　子からの接触；4
③アイコンタクト　母⇔子；1　母⇨子；2　アイコンタクトなし；㊗3　子⇨母；4
④母子画得点（①②③の該当箇所の得点を合計）
3点（5.3%；良好）　4〜5点（22.4%；やや良好）　6〜9点（60.3%；普通）
㊗10〜11点（10.5%；やや不良）　12〜16点（1.4%；不良）

PDI指標	
1. 母子の行為	「一緒に手をつないで歩いているところ　　」
2. 母親の考えていること	「買い物に一緒に行こうと考えている　　」
3. 子どもの考えていること	「それに連れられて行っている　　」

全体所見（ここではキーワードのみ）
　①感情の抑圧・スプリッティング，②過干渉と放任，③女性性の拒否，④つかむ—つかまれる関係性。
　治療者も母親像のような'つかむ'存在，強者とみなされる可能性が高い。

図 3-31　事例 A の母子画記録票

が一致しているか否かなども検討する。

　⑤**全体的所見**：母子画の解釈は，記録票を見ながら，標準タイプで描かれた表現型は何か（平均的なものは何か），準標準タイプや非標準タイプの表現型は何か（被検者を特徴づけるものは何か）に注目し，それぞれの解釈を行う。また描画パターンの解釈仮説を参考にしながら被検者の心的世界を理解する。加えて筆圧や描線などの検討，また今回の描画指標では取り上げられなかった被検者独自の表現，全体の微妙なニュアンス，印象分析による理解などを総合して最終的な母子画の解釈を行う。母子画に表現された世界は被検者の心的世界であり，母親像と子ども像は被検者の心の一部であるという視点から被検者の心の内容を理解する。そして母子画に表現された関係性は，早期の対象関係を基礎にしながら作り上げられた現在の対象関係の形であるという理解も必要である。

　母子画を臨床的に利用する場合には，単なる人格特徴だけでなく，治療者－患者関係を把握することが期待される。検査者は母子画を手がかりにしながら，どのような転移が治療者に向けられるかを予測して対応を提案する。それが母子画を用いた心理アセスメントである。

第4章

精神障害者・非行少年の母子画
―― 解釈仮説の妥当性 ――

　第4章では精神障害者と非行少年の母子画特徴について報告する。精神障害者や非行少年の対象関係は健常者のそれと異なると考えられる。本章では精神障害者や非行少年の対象関係がどのように母子画に投映されるのかを検討しながら，第3章で提示した解釈仮説の妥当性についても言及する。

第1節　精神障害者の母子画

　対象関係論の視点は，精神分析における転移－逆転移の現象や精神病者の妄想，さらには抑うつと呼ばれる幅広い情緒への適切な理解をもたらした。Klein, M. の内的世界の発達モデルは，妄想－分裂態勢から抑うつ態勢へ発達すると考えられ，妄想－分裂態勢での迫害不安は慢性の精神病状態，パラノイア，重症の境界性人格障害の対象関係にみることができる。また，抑うつ態勢の抑うつ不安とは，自らの迫害不安を対象に投影し攻撃したことへの抑うつ的な心の痛みである。これは健康な人から精神病状態の人まで幅広くみられるが，神経症は抑うつ態勢での抑うつ不安にもちこたえられず，ごまかしてしまうことから生じる。一方，健康な人は母親の暖かいかかわりのなかで抑うつ不安にもちこたえた人であり，罪の意識や悲しみの体験から思いやりや自己への信頼感が育ち，暖かい自己の感情や対人世界が展開された人だと考えられている（松木，1996a）。

　母子画に個人の内的世界（心的世界）が投映されるならば，妄想－分裂態勢

や抑うつ態勢は母子画に投映されるはずである。断片化や分裂機制を特徴とする妄想－分裂態勢が反映された母子画は，部分対象を象徴する内的な母親像と子ども像がばらばらであり，迫害不安を象徴するような感情は母子像の表情に表象されると予測できる。一方，抑うつ態勢の心的世界は妄想－分裂態勢のそれよりも統合されており，したがって母子像の間には何らかの関係が描かれるであろう。また，抑うつ態勢の抑うつ不安は母子像の表情に表象されると予測できる。

そこで本節では，妄想－分裂態勢や抑うつ態勢にあると考えられる精神障害者の母子画と，抑うつ不安にもちこたえて健康な対人世界を展開しているとみなされる学生の母子画を比較することにより，妄想－分裂態勢や抑うつ態勢が母子画にどのように投映されるのかを検討する。

1 方法

対象：単科精神病院，精神科クリニック，心療内科クリニックを受診した患者のうち，筆者が心理検査を担当した78名（男性26名，女性52名）を対象とした。年齢は15-47歳，男性の平均年齢が28.0歳（$SD=9.2$），女性の平均年齢は29.2歳（$SD=11.1$）であった。診断名は母子画実施時のカルテに記載されていたものとした。診断名は表3-47に示したように，統合失調症が23名，非定型精神病が3名，境界性人格障害が7名，強迫性障害4名，物質使用障害5名，摂食障害1名などのほか，神経症と診断された患者が31名であった。

本研究では分裂－妄想態勢にあると考えられる統合失調症，非定型精神病，境界性人格障害者を精神病群（S群），抑うつ態勢にあると考えられる神経症，

表3-47 診断名による対象者の内訳

	男性（26名）		女性（52名）	
精神病群 （33名）	統合失調症	7名	統合失調症	16名
			非定型精神病	3名
			境界性人格障害	7名
神経症群 （45名）	神経症	10名	神経症	21名
	強迫性障害	3名	強迫性障害	1名
	気分障害	2名	転換性障害	1名
	パニック障害	1名	摂食障害	1名
	物質使用障害	3名	物質使用障害	2名

強迫性障害などを神経症群（N群）とした。物質使用障害の5名は，抑うつ不安を維持できず快感で不安を帳消しにしようとする人である（松木，1996a）とみなしてN群に含めた。よって対象者はS群が33名（男性7名，女性26名），N群が45名（男性19名，女性26名）となった。S群では外来患者が26名，入院患者が7名，N群では外来患者が42名，入院患者が3名であった。

手続き：母子画は心理検査の最初に実施した。横向きにしたA4判の白紙と3Bの鉛筆を配布し，教示は「お母さんと子どもの絵を描いて下さい」とした。対照群は，第1章の被検者であった大学生・短大生570名（学生群）とした。

2 結果

母子画の分析は複数の子ども像を描いた5名を除外した73名（S群31名，N群42名）を対象とした。S群・N群・学生群は母子画の描画指標と描画パターン，母子画得点について比較した。結果を以下にまとめた。

(1) S群，N群と学生群の描画指標の比較

各群の描画指標の出現頻度は表3-48に示す通りである。表現型は標準タイプ，準標準タイプ，非標準タイプにまとめて表示している。S群とN群の描画指標の出現頻度をχ^2検定を用いて比較した結果，両群の間に有意な偏りは認められなかった。またS群と学生群，N群と学生群の描画指標の出現頻度について同様に比較し，有意な項目については残差分析を行った。結果を以下にまとめた。

①形態：S群では〔母子がともに全身〕の出現率が77.4％，〔母子がともに顔〕は12.9％であった。S群と学生群で〔母子がともに全身〕〔母子がともに半身／母親は半身・子どもは全身／母親は全身・子どもは半身〕〔母子がともに顔〕の出現頻度を比較した。その結果，S群と学生群の間に有意な偏りが認められ（$\chi^2 = 6.7$, $df = 2$, $p<.05$），S群では〔母子がともに顔〕が期待値より有意に多かった（残差 = 2.5，$p<.05$）。

N群では〔母子がともに全身〕の出現率が83.3％，〔母子がともに顔〕は7.1％であった。S群と同様に，N群と学生群の出現頻度を比較したが，両群に有意な違いは認められなかった。

②サイズ：S群では〔母子がともに普通〕が61.3％，〔母子がともに小さい〕

表 3-48　S群・N群・学生群の描画指標の出現頻度

		表現型		S群 (31名)		N群 (42名)		学生群 (570名)	
				度数	%	度数	%	度数	%
形態 S群×学生群：*	標準	母・全身	子・全身	24	77.4	35	83.3	465	81.6
	準標準	母・半身	子・全身	2	6.5	4	9.5	65	11.4
		母・全身	子・半身						
	非標準	母・顔	子・顔	4*	12.9	3	7.1	21	3.7
		母・全身	子・隠れている						
		母・半身	子・隠れている	1	3.2	0	0.0	9	1.6
		母・半身	子・顔						
		母・隠れている	子・隠れている	0	0.0	0	0.0	7	1.2
		母・顔	子・全身	0	0.0	0	0.0	2	0.4
		母・隠れている	子・全身						
		母・顔	子・隠れている	0	0.0	0	0.0	1	0.2
サイズ S群×学生群：*** N群×学生群：**	標準	母・普通	子・普通	19	61.3	29	69.0	361	63.3
	準標準	母・普通	子・小さい	3	9.7	4	9.5	115	20.2
		母・大きい	子・普通						
	非標準	母・大きい	子・大きい	0	0.0	0	0.0	35	6.1
		母・小さい	子・小さい	7	22.6	7	16.7	26	4.6
		隠れているため測定から除外		1	3.2	0	0.0	17	3.0
		母・普通	子・大きい	1	3.2	2	4.8	14	2.5
		母・小さい	子・普通						
		母・大きい	子・小さい	0	0.0	0	0.0	2	0.4
		母・小さい	子・大きい	0	0.0	0	0.0	0	0.0
表情 S群×学生群：** N群×学生群：**	標準	母・笑顔	子・笑顔	10**	32.3	14**	33.3	335	58.8
	準標準	母・非笑顔	子・非笑顔	6	19.4	10	23.8	73	12.8
		母・笑顔	子・非笑顔	9**	29.0	8	19.0	66	11.6
		母・非笑顔	子・笑顔						
		母・笑顔	子・空白の顔	6	19.4	10**	23.8	61	10.7
	非標準	母・笑顔	子・空白の顔	0	0.0	0	0.0	11	1.9
		母・非笑顔	子・空白の顔						
		母・非笑顔	子・後ろ姿						
		母・笑顔	子・後ろ姿						
		母・後ろ姿	子・後ろ姿	0	0.0	0	0.0	10	1.8
		母・後ろ姿	子・非笑顔	0	0.0	0	0.0	7	1.2
		母・空白の顔	子・非笑顔						
		母・空白の顔	子・笑顔						
		母・後ろ姿	子・笑顔	0	0.0	0	0.0	7	1.2
		母・空白の顔	子・後ろ姿						
		母・後ろ姿	子・空白の顔						
身体接触 S群×学生群：*** N群×学生群：*	標準	手をつなぐ		13	41.9	20	47.6	313	54.9
	準標準	抱く		2*	6.5	5	11.9	130	22.8
		非接触		16**	51.6	17**	40.5	121	21.2
	非標準	子からの接触		0	0.0	0	0.0	6	1.1
アイコンタクト S群×学生群：** N群×学生群：*	標準	アイコンタクトなし		28*	90.3	34**	81.0	337	59.1
	準標準	母⇔子		2*	6.5	2*	4.8	121	21.2
		母⇨子		1	3.2	5	11.9	79	13.9
	非標準	子⇨母		0	0.0	1	2.4	33	5.8

有意差の検定はS群と学生群，N群と学生群を比較した。
各表現型に付したマークは残差分析の結果を示す。
*p<.05　**p<.01　***p<.001

が22.6％であり，〔母子がともに大きい〕は出現しなかった。S群と学生群で〔母子がともに普通〕〔母親は普通・子どもは小さい／母親は大きい・子どもは普通〕〔母子がともに小さい〕〔母親は普通・子どもは大きい／母親は小さい・子どもは普通〕の出現頻度を比較した。その結果，両群の偏りは有意であった（$\chi^2 = 18.6$, $df = 3$, $p<.001$）。しかし期待度数5未満のセルが20％以上であったため残差分析は行わなかった。

N群では〔母子がともに普通〕が69.0％，〔母子がともに小さい〕が16.7％であり，N群でも〔母子がともに大きい〕は出現しなかった。N群と学生群の間にも有意な偏りはみられたが（$\chi^2 = 13.0$, $df = 3$, $p<.01$），期待度数1以下のセルが含まれたため残差分析は行わなかった。

③表情：S群では〔母子がともに笑顔〕が32.3％，〔母親は笑顔・子どもは非笑顔／母親は非笑顔・子どもは笑顔〕が29.0％であった。S群と学生群で〔母子がともに笑顔〕〔母子がともに非笑顔〕〔母親は笑顔・子どもは非笑顔／母親は非笑顔・子どもは笑顔〕〔母子がともに空白の顔〕の出現頻度を比較した。その結果，両群の間に有意な偏りがみられた（$\chi^2 = 12.8$, $df = 3$, $p<.01$）。S群では〔母子がともに笑顔〕が期待値より有意に少なく（残差 = −3.7, $p<.01$），〔母親は笑顔・子どもは非笑顔／母親は非笑顔・子どもは笑顔〕が有意に多かった（残差 = 2.7, $p<.01$）。

N群では〔母子がともに笑顔〕が33.3％，〔母子がともに空白の顔〕が23.8％であった。N群と学生群の出現頻度には有意な偏りが認められ（$\chi^2 = 14.6$, $df = 3$, $p<.1$），N群では〔母子がともに笑顔〕が期待値より有意に少なく（残差 = −3.7, $p<.01$），〔母子がともに空白の顔〕が有意に多かった（残差 = 2.4, $p<.05$）。

④身体接触：S群では〔非接触〕が最も多く51.6％，〔手をつなぐ〕は41.9％，〔抱く〕は6.5％であった。S群と学生群の出現頻度には有意な偏りがあり（$\chi^2 = 16.7$, $df = 3$, $p<.001$），S群では〔抱く〕が期待値より有意に少なく〔非接触〕が有意に多かった（抱く　残差 = −2.1, $p<.05$；非接触　残差 = 3.9, $p<.01$）。

N群では，〔手をつなぐ〕が47.6％，〔非接触〕が40.5％，〔抱く〕は11.9％であった。N群と学生群の出現頻度の比較では，N群の〔非接触〕が有意に多

かった（$\chi^2 = 9.3$, $df = 2$, $p<.05$；残差 = 2.9, $p<.01$）。

⑤アイコンタクト：S群の〔アイコンタクトなし〕は90.3％であった。アイコンタクトの出現率ではS群と学生群の間に有意な偏りが認められ，S群では〔アイコンタクトなし〕が期待値より有意に多く，〔母⇔子〕が有意に少なかった（$\chi^2 = 12.1$, $df = 3$, $p<.01$；アイコンタクトなし　残差 = 3.4, $p<.01$；母⇔子　残差 = −2.0, $p<.05$）。

N群でも〔アイコンタクトなし〕の出現率が81.0％であった。N群と学生群の出現頻度には偏りがみられ，N群の〔アイコンタクトなし〕は期待値より有意に多く，〔母⇔子〕が有意に少なかった（$\chi^2 = 9.3$, $df = 3$, $p<.05$；アイコンタクトなし　残差 = 2.8, $p<.01$；母⇔子　残差 = −2.6, $p<.05$）。

(2) 描画パターンの比較

表3-49は各群の描画パターンの出現率を示したものである。S群で最も頻度の多いパターンは〔母子がともに笑顔／非接触／アイコンタクトなし〕で19.4％，ついで〔母子がともに非笑顔／非接触／アイコンタクトなし〕が12.9％であった。N群では〔母子がともに笑顔／非接触／アイコンタクトなし〕と〔母子がともに笑顔／手をつなぐ／アイコンタクトなし〕が11.9％の出現率であった。S群，N群と学生群の出現頻度を比較した結果は以下の通りであった。

①S群と学生群の比較：学生群に比べてS群に出現率の高いパターンは〔母子がともに笑顔／非接触／アイコンタクトなし〕（$\chi^2 = 5.0$, $df = 1$, $p<.05$），〔母親は非笑顔・子どもは笑顔／手をつなぐ／アイコンタクトなし〕（$\chi^2 = 9.5$, $df = 1$, $p<.01$），〔母親は非笑顔・子どもは笑顔／非接触／アイコンタクトなし〕（$\chi^2 = 16.5$, $df = 1$, $p<.01$），〔母子がともに非笑顔／非接触／アイコンタクトなし〕（$\chi^2 = 5.4$, $df = 1$, $p<.05$）であった。逆にS群が学生群よりも出現率の低いパターンは〔母子がともに笑顔／手をつなぐ／アイコンタクトなし〕（$\chi^2 = 4.5$, $df = 1$, $p<.05$）であった。

②N群と学生群の比較：N群は学生群よりも〔母子がともに非笑顔／非接触／アイコンタクトなし〕と〔母子がともに空白の顔／非接触／アイコンタクトなし〕の出現率が高い傾向にあり，〔母子がともに笑顔／手をつなぐ／アイコンタクトなし〕の出現率は低い傾向がみられた。

第4章　精神障害者・非行少年の母子画

表3-49　S群・N群・学生群の描画パターンの出現頻度

母表情	子表情	身体接触・アイコンタクト		S群 度数	S群 %	N群 度数	N群 %	学生群 度数	学生群 %
笑顔	笑顔	抱く	母⇔子	0	0.0	0	0.0	30	5.3
			母⇨子	0	0.0	1	2.4	14	2.5
			なし	1	3.2	1	2.4	10	1.8
		手をつなぐ	母⇔子	0	0.0	0	0.0	52	9.1
			母⇨子	0	0.0	1	2.4	11	1.9
			子⇨母	0	0.0	0	0.0	12	2.1
			なし	2*	6.5	5	11.9	141	24.7
		子からの接触	子⇨母	0	0.0	0	0.0	3	0.5
			なし	0	0.0	0	0.0	1	0.2
			なし	0	0.0	0	0.0	1	0.2
		非接触	母⇔子	0	0.0	1	2.4	17	3.0
			母⇨子	0	0.0	0	0.0	7	1.2
			子⇨母	0	0.0	0	0.0	3	0.5
			なし	6*	19.4	5	11.9	33	5.8
非笑顔	非笑顔	抱く	母⇔子	0	0.0	0	0.0	1	0.2
			母⇨子	0	0.0	1	2.4	6	1.1
			子⇨母	0	0.0	0	0.0	2	0.4
			なし	0	0.0	0	0.0	5	0.9
		手をつなぐ	母⇔子	0	0.0	0	0.0	3	0.5
			母⇨子	0	0.0	0	0.0	2	0.4
			子⇨母	0	0.0	0	0.0	2	0.4
			なし	1	3.2	4	9.5	24	4.2
		非接触	母⇔子	0	0.0	0	0.0	4	0.7
			母⇨子	1	3.2	1	2.4	5	0.9
			子⇨母	0	0.0	0	0.0	1	0.2
			なし	4*	12.9	4	9.5	18	3.2
後ろ姿	後ろ姿	手をつなぐ	子⇨母	0	0.0	0	0.0	1	0.2
			なし	0	0.0	0	0.0	8	1.4
		非接触	なし	0	0.0	0	0.0	1	0.2
空白の顔	空白の顔	抱く	母⇨子	0	0.0	0	0.0	3	0.5
			子⇨母	0	0.0	0	0.0	1	0.2
			なし	1	3.2	2	4.8	12	2.1
		手をつなぐ	母⇨子	0	0.0	0	0.0	1	0.2
			子⇨母	0	0.0	0	0.0	4	0.7
			なし	4	12.9	4	9.5	28	4.9
		非接触	母⇔子	0	0.0	1	2.4	2	0.4
			子⇨母	0	0.0	0	0.0	1	0.2
			なし	1	3.2	3	7.1	9	1.6

笑顔	非笑顔	抱く	母⇔子	0	0.0	0	0.0	2	0.4
			母⇒子	0	0.0	0	0.0	19	3.3
			子⇒母	0	0.0	0	0.0	1	0.2
			なし	0	0.0	0	0.0	10	1.8
		手をつなぐ	母⇒子	0	0.0	1	2.4	2	0.4
			なし	1	3.2	2	4.8	10	1.8
		非接触	母⇔子	0	0.0	0	0.0	1	0.2
			子⇒母	0	0.0	0	0.0	1	0.2
			なし	1	3.2	2	4.8	6	1.1
非笑顔	笑顔	抱く	母⇒子	0	0.0	0	0.0	1	0.2
			子⇒母	0	0.0	0	0.0	1	0.2
			なし	0	0.0	1	2.4	0	0.0
		手をつなぐ	母⇔子	0	0.0	0	0.0	1	0.2
			なし	3**	9.7	1	2.4	6	1.1
		非接触	母⇒子	0	0.0	0	0.0	2	0.4
			なし	3**	9.7	0	0.0	3	0.5
笑顔	後ろ姿	抱く	母⇔子	0	0.0	0	0.0	1	0.2
			母⇒子	0	0.0	0	0.0	2	0.4
		手をつなぐ	母⇒子	0	0.0	0	0.0	1	0.2
		子からの接触	母⇒子	0	0.0	0	0.0	1	0.2
		非接触	なし	0	0.0	0	0.0	1	0.2
後ろ姿	笑顔	非接触	なし	0	0.0	0	0.0	1	0.2
笑顔	空白の顔	抱く	母⇔子	0	0.0	0	0.0	1	0.2
			母⇒子	0	0.0	0	0.0	1	0.2
			なし	0	0.0	0	0.0	1	0.2
空白の顔	笑顔	手をつなぐ	なし	0	0.0	0	0.0	1	0.2
非笑顔	後ろ姿	非接触	母⇔子	0	0.0	0	0.0	1	0.2
後ろ姿	非笑顔	抱く	なし	0	0.0	0	0.0	1	0.2
		非接触	母⇒子	0	0.0	0	0.0	1	0.2
			なし	0	0.0	0	0.0	1	0.2
非笑顔	空白の顔	抱く	母⇔子	0	0.0	0	0.0	1	0.2
			なし	0	0.0	0	0.0	1	0.2
空白の顔	非笑顔	抱く	母⇒子	0	0.0	0	0.0	1	0.2
			なし	0	0.0	0	0.0	1	0.2
空白の顔	後ろ姿	抱く	なし	0	0.0	0	0.0	1	0.2
		手をつなぐ	母⇔子	0	0.0	0	0.0	1	0.2
		非接触	なし	0	0.0	0	0.0	2	0.4
後ろ姿	空白の顔	手をつなぐ	子⇒母	0	0.0	0	0.0	1	0.2
		子からの接触	子⇒母	0	0.0	0	0.0	1	0.2
		非接触	なし	0	0.0	0	0.0	1	0.2

有意差の検定はS群と学生群, N群と学生群を比較した結果を示す。
*p<.05 **p<.001

表3-50 S群・N群・学生群の母子画得点の出現頻度

	3点 (%)	4～5点 (%)	6～9点 (%)	10～11点 (%)	12～16点 (%)
S群 (N=33)	0 (0.0)	3 (9.1)	25 (75.7)	5 (15.2)	0 (0.0)
N群 (N=45)	0 (0.0)	4 (8.9)	32 (71.1)	9 (20.0)	0 (0.0)
学生群 (N=570)	30 (5.3)	128 (22.4)	344 (60.3)	60 (10.5)	8 (1.4)

(3) 母子画得点の比較

表3-50にS群，N群と学生群の母子画得点の分布を示す。精神障害群では3点と12～16点が出現しなかったため，母子画得点を5点以下，6～9点，10点以上に区分して出現頻度の偏りを調べた。その結果，S群と学生群には有意傾向，N群では5点以下が期待値よりも有意に少なかった（$\chi^2 = 8.6$, $df = 2$, $p<.05$；残差＝-2.8, $p<.01$）。

3 考察

(1) 分裂機制と母子画

母子像の表情では，S群は学生群よりも〔母子がともに笑顔〕が少なく，〔母親は笑顔・子どもは非笑顔／母親は非笑顔・子どもは笑顔〕が多かった。Gillespie (1994) は母子像の表情の不一致がスプリッティングや投影性同一視の機制を意味すると指摘しているが，学生を対象とした筆者の基礎的資料でも表情が不一致の母子画は例外的で，特殊な意味が推測された。今回の結果はS群の分裂機制が母子像の表情に表象されることを示唆するものであり，Gillespieの指摘に合致している。

また母子像の形態では，部分対象の段階にあると考えられるS群に〔母子がともに顔〕が多いという結果が得られた。これは〔顔〕が部分対象関係の象徴であるという仮説を支持するものである。さらに，S群の断片化した世界は，〔母子がともに笑顔／非接触／アイコンタクトなし〕や〔母子がともに非笑顔／非接触／アイコンタクトなし〕，〔母親は非笑顔・子どもは笑顔／非接触／アイコンタクトなし〕の出現率が高いという結果にも現れている。これらのパターンは〔非接触／アイコンタクトなし〕が特徴の心の交流がまったくないパターンであり，被検者の心的世界が内的な結びつきのない断片化した状態にあ

図3-32〔母親は非笑顔・子どもは笑顔／非接触／アイコンタクトなし〕

ることを意味すると考えられた。特に図3-32に示すような〔母親は非笑顔・子どもは笑顔／非接触／アイコンタクトなし〕のパターンは表情も不一致であり，母子の間につながりがまったくない。このパターンの特殊性は第3章で指摘したが，このパターンの特殊性は分裂機制を反映しているという点にあると推測される。

妄想－分裂態勢の迫害不安は，自己の攻撃性がもとになっているにもかかわらず，それが対象に投影されて対象が攻撃してくると感じる被害感情である。これは耐えがたい不安であり，不安は分裂機制によってスプリッティングされると考えられている。S群に〔母子がともに笑顔／非接触／アイコンタクトなし〕のパターンが多かったという結果は，この場合の〔非接触／アイコンタクトなし〕がスプリッティングを意味し，結果的に不安が切り離された状態にあることが〔母子がともに笑顔〕に表象されたと考えることもできる。第3章では，〔母子がともに笑顔／非接触／アイコンタクトなし〕の笑顔が周囲に「迎合した笑顔」であるという仮説を提示したが，この笑顔はスプリッティングの機制を意味する場合もあると考えられた。

(2) 抑うつ不安と母子画

N群は学生群に比べて〔母子がともに笑顔〕を描くことが少なかった。笑顔の表情は，上述したような例外はあるものの，基本的に被検者の心的世界が心地よいものであることを表象すると考えられる。抑うつ態勢の抑うつ不安は，対象を傷つけたかもしれないという罪障感や後悔といった心の痛みである。このような感情が母子像の表情に表象され，N群には〔母子がともに笑顔〕が少なかったのだろう。さらにN群では〔母子がともに空白の顔〕も多かった。神経症は抑うつ不安にもちこたえられず，ごまかしてしまうことによって生じる。自分の感情に向き合うことができないこと，つまり否認の機制が〔空白の顔〕に象徴されていると思われた。第3章において〔空白の顔〕は他者からの非難を否認すると同時に，自分の攻撃性にも向き合わないことを示すという仮

説を提示したが，今回の結果はそれを確認するものであった。

　自分の心の痛みに向き合うことができなければ，良い自分と悪い自分を統合していくことは困難である。N群の心的世界は妄想−分裂態勢のようなばらばらな心的世界ではないとしても，対象と対象が結びついた統合された状態にあるとは言い難い。このことが身体接触の〔非接触〕やアイコンタクトの〔アイコンタクトなし〕に示されたのではないだろうか。

(3) 母子画得点

　母子画得点は3点が対象関係の「良好」，4〜5点は「やや良好」，6〜9点は「普通」，10〜11点は「やや不良」，12〜16点は「不良」を意味する。対象関係の障害が予想されるS群・N群には5点以下の母子画得点が少ない，つまり対象関係が「良好」や「やや良好」と評価される母子画は少ないという結果であった。これは母子画得点の可能性を示すものであろう。しかしながら精神障害者の多くが「普通」に含まれたこと，S群とN群の鑑別ができなかったことなど，母子画得点の問題点も明らかにされた。母子画得点は，被検者の対象関係がより反映され，病態水準の鑑別ができるような得点に改良される必要がある。

第2節　非行少年の母子画

　非行の研究は多方面からなされているが，非行の原因としては家族の問題を指摘する研究が多い（Healy & Bronner, 1936；藤岡，2001；石川，1992；麦島，1990；内山，1993）。社会学的理論から非行を研究したHirshi（1969）は，非行から遠ざける道徳的絆が愛着によって強化されると述べ，Bowlby（1944）は窃盗少年の研究を通じて，乳幼児期に母親の愛に恵まれずに過ごすことと窃盗の関係を論じている。非行少年は一般の少年に比べて豊かな母親の愛を受けた人が少なく，無関心で敵対的，拒否的な母親が多かったとの報告（山口，1984）や，非行少年の対人不信，強い被害感，自信欠如などを指摘する研究は多く（天貝，1999；川崎，1989），このような特徴は複雑性トラウマへの反応であるという見方もある（藤岡，2001）。実際に2001年の法務総合研究所研究部報告（法務総合研究所，2001）では，少年院在院者に対する被害経

験のアンケート調査結果がまとめられ，家族から身体的暴力，性的暴力および不適切な保護態度のいずれか1つでも受けた経験のあるものが全体の約70％を占めていた。

　非行少年の母子画には，彼らが抱える愛着の問題や被害経験の影響が反映されると考えられる。豊かな母親の愛を受けられなかったことが心の絆を象徴する身体接触やアイコンタクトの描写に表象され，心の交流のない母子像を描くことが予想される。本節では非行少年と学生の母子画を比較することにより，非行少年の心的世界が母子画にどのように投映されるのかを検討する。

1 方法

　対象：某少年鑑別所に入所した187名（男子134名，女子53名）を対象とした。年齢は13-19歳，男子の平均年齢が17.0歳（$SD=1.6$），女子の平均年齢が16.4歳（$SD=1.7$）であった。対象者の年齢の内訳は表3-51に示したとおりである。男子の非行種別は窃盗が20.9％，傷害が17.9％，恐喝が7.5％であった。女子ではぐ犯が47.2％で最も多く，覚せい剤取締法違反が13.2％，窃盗9.4％であった。対照群は第1章の被検者であった大学生・短大生570名（学生群）とした。

表3-51　対象者の年齢の内訳

	13歳	14歳	15歳	16歳	17歳	18歳	19歳
男子（N=134）	1	9	13	28	29	21	33
女子（N=53）	2	7	7	12	12	5	8
合計（N=187）	3	16	20	40	41	26	41

　手続き：母子画は対象者が少年鑑別所入所中に実施した。この調査は研究の目的で実施され，審判には利用されないことを説明して無記名とした。母子画は「お母さんと子どもの絵を描いて下さい」という教示が書かれた用紙とA4判の白紙，PDIの用紙をセットにして配布した。各自の居室で実施するように指示して後日に回収する方法で行われた。

2 結果

　非行群では学生群には出現しなかった「お父さんと子ども」の絵が2名に，また子どもが母親のお腹のふくらみとして表現され，子ども像が描かれなかった「妊婦」の絵が2名にみられた。さらに母子の区別ができなかった2名と複数の子ども像を描いた7名の合計13名を分析から除外した。よって，以下の分析は174名（男性128名，女性46名）を対象とした。母子画は描画指標と描画パターン，母子画得点について検討した。

(1) 年齢による比較

　被検者は年齢ごとに年少群（15歳以下），中間群（16・17歳），年長群（18・19歳）の3群に分けて出現頻度を比較した。その結果，いずれの描画指標においても有意な偏りはみられなかった。そのため，被検者の描画特徴は年齢による差がないものとみなして，以降は3群をまとめて非行群として扱うことにした。

(2) 非行群と学生群の描画指標の比較

　各群の描画指標の出現頻度は表3-52に示す通りである。非行群と学生群の描画指標の出現頻度についてχ^2検定を用いて比較した。有意であった項目には残差分析を実施した。結果を以下にまとめた。

　①形態：非行群では〔母子がともに全身〕が74.7％，〔母子がともに顔〕が8.0％，〔母子がともに隠れている〕が6.9％であった。各群の出現頻度は，非行群に出現しなかった2つの非標準タイプを除外してχ^2検定を行ったところ，両群の間に有意な偏りがみられた（$\chi^2 = 24.5$, $df = 3$, $p<.01$）。非行群の〔母子がともに全身〕は期待値よりも有意に少なく（残差$=-2.2$, $p<.05$），〔母子がともに顔〕（残差$=2.3$, $p<.01$），〔母子がともに隠れている〕（残差$=4.1$, $p<.01$）が有意に多かった。

　②サイズ：非行群では〔母子がともに普通〕が44.3％，〔母子がともに小さい〕が16.7％，〔母親は普通・子どもは大きい／母親は小さい・子どもは普通〕が12.1％であった。非行群に出現しなかった2つの非標準タイプは除外してχ^2検定を行った結果，両群の間に有意な偏りがみられた（$\chi^2 = 69.26$, $df = 4$, $p<.001$）。非行群では〔母子がともに普通〕は期待値より有意に少なく（残差$=-3.9$, $p<.01$），〔母子がともに小さい〕が期待値より多かった（残差$=5.7$,

第III部　母子画の基礎的研究

表 3-52　非行群・学生群の描画指標の出現頻度

描画指標				非行群（174名）		学生群（570名）	
				度数	%	度数	%
形態**	標準	母・全身　　　子・全身		130*	74.7	465	81.6
	準標準	母・半身　　　子・全身 母・半身　　　子・半身 母・全身　　　子・半身		14	8.0	65	11.4
	非標準	母・顔　　　　子・顔		14**	8.0	21	3.7
		母・全身　　　子・隠れている 母・半身　　　子・隠れている 母・半身　　　子・顔		4	2.3	9	1.6
		母・隠れている　子・隠れている		12**	6.9	7	1.2
		母・顔　　　　子・全身 母・隠れている　子・全身		0	0.0	2	0.4
		母・顔　　　　子・隠れている		0	0.0	1	0.2
サイズ***	標準	母・普通　　　子・普通		77**	44.3	361	63.3
	準標準	母・普通　　　子・小さい 母・大きい　　子・普通		20**	11.5	115	20.2
	非標準	母・大きい　　子・大きい		12	6.9	35	6.1
		母・小さい　　子・小さい		29**	16.7	26	4.6
		隠れているため測定から除外		15	8.6	17	3.0
		母・普通　　　子・大きい 母・小さい　　子・普通		21**	12.1	14	2.5
		母・大きい　　子・小さい		0	0.0	2	0.4
		母・小さい　　子・大きい		0	0.0	0	0.0
表情***	標準	母・笑顔　　　子・笑顔		78**	44.8	335	58.8
	準標準	母・非笑顔　　子・非笑顔		46**	26.4	73	12.8
		母・笑顔　　　子・非笑顔 母・非笑顔　　子・笑顔		29	16.7	66	11.6
		母・空白の顔　子・空白の顔		9*	5.2	61	10.7
	非標準	母・笑顔　　　子・空白の顔 母・非笑顔　　子・空白の顔 母・非笑顔　　子・後ろ姿 母・笑顔　　　子・後ろ姿		2	1.1	11	1.9
		母・後ろ姿　　子・後ろ姿		5	2.9	10	1.8
		母・後ろ姿　　子・非笑顔 母・空白の顔　子・非笑顔 母・空白の顔　子・笑顔 母・後ろ姿　　子・笑顔		4	2.3	7	1.2
		母・空白の顔　子・後ろ姿 母・後ろ姿　　子・空白の顔		1	0.6	7	1.2
身体接触***	標準	手をつなぐ		53**	30.5	313	54.9
	準標準	抱く		13**	7.5	130	22.8
		非接触		105**	60.3	121	21.2
	非標準	子からの接触		3	1.7	6	1.1
アイコンタクト**	標準	アイコンタクトなし		126**	72.4	337	59.1
	準標準	母⇔子		18**	10.3	121	21.2
		母⇒子		25	14.4	79	13.9
	非標準	子⇒母		5	2.9	33	5.8

*p<.05　　**p<.01　　***p<.001

$p<.01$)。また，〔母親は普通・子どもは大きい／母親は小さい・子どもは普通〕が期待値よりも有意に多く（残差＝5.4, $p<.01$），〔母親は普通・子どもは小さい／母親は大きい・子どもは普通〕は有意に少なかった（残差＝−2.4, $p<.01$）。

③**表情**：非行群では〔母子がともに笑顔〕が44.8％，〔母子がともに非笑顔〕が26.4％，〔母子がともに空白の顔〕が5.2％に出現した。非行群と学生群の出現頻度には有意な偏りが認められ（$\chi^2=30.0$, $df=7$, $p<.001$），非行群では〔母子がともに笑顔〕（残差＝−3.2, $p<.01$）と〔母子がともに空白の顔〕（残差＝−2.2, $p<.05$）が期待値より有意に少なく，〔母子がともに非笑顔〕（残差＝4.3, $p<.01$）が有意に多かった。

④**身体接触**：非行群では〔手をつなぐ〕は30.5％，〔非接触〕が60.3％であった。非行群と学生群の出現頻度には有意な偏りが認められ（$\chi^2=100.2$, $df=3$, $p<.001$），非行群では〔手をつなぐ〕（残差＝−5.6, $p<.01$）と〔抱く〕（残差＝−4.5, $p<.01$）が有意に少なく，〔非接触〕（残差＝9.8, $p<.01$）が有意に多かった。

⑤**アイコンタクト**：非行群では〔アイコンタクトなし〕が72.4％，〔母⇔子〕は10.3％であった。非行群と学生群の出現頻度には有意な偏りが認められ（$\chi^2=14.5$, $df=3$, $p<.01$），非行群では〔アイコンタクトなし〕が有意に多く（残差＝3.1, $p<.01$），〔母⇔子〕が有意に少なかった（残差＝−3.2, $p<.01$）。

(3) 非行群と学生群の描画パターンの比較

表3-53に両群の描画パターンの出現率を示す。非行群において最も出現率が高かったパターンは〔母子が笑顔／非接触／アイコンタクトなし〕（17.2％）であった。一方，学生群の基本パターンである〔母子がともに笑顔／手をつなぐ／アイコンタクトなし〕は非行群では13.8％の出現率であった。

非行群と学生群の描画パターンの出現率について，χ^2検定を用いて比較した。その結果，非行群が学生群よりも出現率の高いパターンは〔母子がともに笑顔／非接触／アイコンタクトなし〕（$\chi^2=22.6$, $df=1$, $p<.001$），〔母親は笑顔・子どもは非笑顔／非接触／アイコンタクトなし〕（$\chi^2=9.1$, $df=1$, $p<.01$），〔母子がともに非笑顔／非接触／母⇨子〕（$\chi^2=13.3$, $df=1$, $p<.001$），〔母子がともに非笑顔／非接触／アイコンタクトなし〕（$\chi^2=23.6$, $df=1$,

表 3-53 非行群・学生群の描画パターンの出現頻度

母表情	子表情	身体接触・アイコンタクト		非行群 度数	%	学生群 度数	%
笑顔	笑顔	抱く	母⇔子	1*	0.6	30	5.3
			母⇨子	0	0.0	14	2.5
			なし	3	1.7	10	1.8
		手をつなぐ	母⇔子	3**	1.7	52	9.1
			母⇨子	1	6.0	11	1.9
			子⇨母	0	0.0	12	2.1
			なし	24**	13.8	141	24.7
		子からの接触	母⇔子	0	0.0	3	0.5
			母⇨子	1	0.6	0	0.0
			子⇨母	0	0.0	1	0.2
			なし	0	0.0	1	0.2
		非接触	母⇔子	9	5.2	17	3.0
			母⇨子	6	3.4	7	1.2
			子⇨母	0	0.0	3	0.5
			なし	30***	17.2	33	5.8
非笑顔	非笑顔	抱く	母⇔子	0	0.0	1	0.2
			母⇨子	0	0.0	6	1.1
			子⇨母	1	0.6	2	0.4
			なし	3	1.7	5	0.9
		手をつなぐ	母⇔子	1	0.6	3	0.5
			母⇨子	0	0.0	2	0.4
			子⇨母	1	0.6	2	0.4
			なし	7	4.0	24	4.2
		子からの接触	子⇨母	1	0.6	0	0.0
		非接触	母⇔子	0	0.0	4	0.7
			母⇨子	9***	5.2	5	0.9
			子⇨母	1	0.6	1	0.2
			なし	22***	12.6	18	3.2
後ろ姿	後ろ姿	手をつなぐ	子⇨母	0	0.0	1	0.2
			なし	2	1.1	8	1.4
		非接触	なし	3	1.7	1	0.2
空白の顔	空白の顔	抱く	母⇔子	0	0.0	3	0.5
			子⇨母	0	0.0	1	0.2
			なし	0	0.0	12	2.1
		手をつなぐ	母⇔子	0	0.0	1	0.2
			子⇨母	0	0.0	4	0.7
			なし	5	2.9	28	4.9
		非接触	母⇔子	0	0.0	2	0.4
			子⇨母	0	0.0	1	0.2
			なし	4	2.3	9	1.6
笑顔	非笑顔	抱く	母⇔子	1	0.6	2	0.4
			母⇨子	2	1.1	19	3.3
			子⇨母	0	0.0	1	0.2
			なし	1	0.6	10	1.8
		手をつなぐ	母⇔子	0	0.0	2	0.4
			母⇨子	6	3.4	10	1.8
		子からの接触	母⇨子	1	0.6	0	0.0
		非接触	母⇔子	0	0.0	1	0.2
			母⇨子	3	1.7	0	0.0
			子⇨母	0	0.0	1	0.2
			なし	8**	4.6	6	1.1
非笑顔	笑顔	抱く	母⇔子	0	0.0	1	0.2
			子⇨母	0	0.0	1	0.2
		手をつなぐ	母⇔子	0	0.0	1	0.2
			母⇨子	1	0.6	0	0.0
			なし	2	1.1	6	1.1
		非接触	母⇨子	1	0.6	2	0.4
			なし	3	1.7	3	0.5
笑顔	後ろ姿	抱く	母⇔子	0	0.0	1	0.2
			母⇨子	0	0.0	2	0.4
		手をつなぐ	母⇨子	0	0.0	1	0.2
		子からの接触	母⇨子	0	0.0	1	0.2
		非接触	なし	1	0.6	1	0.2
後ろ姿	笑顔	非接触	なし	1	0.6	1	0.2
笑顔	空白の顔	抱く	母⇔子	0	0.0	1	0.2
			母⇨子	0	0.0	1	0.2
			なし	0	0.0	1	0.2
空白の顔	笑顔	手をつなぐ	なし	0	0.0	1	0.2
		非接触	なし	1	0.6	0	0.0
非笑顔	後ろ姿	非接触	母⇔子	0	0.0	1	0.2
			母⇨子	1	0.6	0	0.0
後ろ姿	非笑顔	抱く	なし	0	0.0	1	0.2
		非接触	母⇨子	1	0.6	0	0.0
			母⇨子	0	0.0	1	0.2
			なし	0	0.0	1	0.2
非笑顔	空白の顔	抱く	母⇔子	0	0.0	1	0.2
				0	0.0	1	0.2
空白の顔	非笑顔	抱く	母⇔子	0	0.0	1	0.2
		非接触	子⇨母	1	0.6	0	0.0
空白の顔	後ろ姿	抱く	母⇔子	1	0.6	0	0.0
			なし	0	0.0	1	0.2
		手をつなぐ	母⇔子	0	0.0	1	0.2
		非接触	なし	0	0.0	2	0.4
後ろ姿	空白の顔	子からの接触	子⇨母	0	0.0	1	0.2
		手をつなぐ	子⇨母	0	0.0	1	0.2
			なし	0	0.0	1	0.2

*p<.05   **p<.01   ***p<.001

$p<.001$) であった。

逆に非行群が学生群よりも出現率の低いパターンは〔母子がともに笑顔／抱く／母⇔子〕($\chi^2=5.3$, $df=1$, $p<.05$),〔母子がともに笑顔／手をつなぐ／母⇔子〕($\chi^2=9.6$, $df=1$, $p<.01$),〔母子がともに笑顔／手をつなぐ／アイコンタクトなし〕($\chi^2=9.3$, $df=1$, $p<.01$) であった。

(4) 非行群と学生群の母子画得点の比較

表3-54に非行群と学生群の母子画得点の分布を示す。母子画得点は、3点および12～16点の出現頻度が少なかったため、5点以下、6～9点、10点以上に区分して両群の出現頻度の偏りを比較した。その結果、非行群と学生群では有意な偏りが認められ ($\chi^2=19.8$, $df=2$, $p<.001$),非行群では5点以下が期待値よりも有意に少なく(残差=-4.4, $p<.01$),6～9点が有意に多かった(残差=3.7, $p<.01$)。

表3-54 非行群・学生群の母子画得点の出現頻度

	3点(%)	4～5点(%)	6～9点(%)	10～11点(%)	12～16点(%)
非行群 (N=174)	1 (0.6)	19 (10.9)	132 (75.9)	20 (11.5)	2 (1.1)
学生群 (N=570)	30 (5.3)	128 (22.4)	344 (60.3)	60 (10.5)	8 (1.4)

3 考察

(1) 年少群・中間群・年長群の比較

年少群・中間群・年長群の描画指標の比較では、3群間に有意な違いは認められなかった。描画において精神的発達が考慮される必要があるのは児童期までであり、思春期以降は人格テストとしての機能が有効に働くといわれている(岩井, 1981；三上・岩崎, 1981)。今回の対象は年少群といっても14・15歳が中心であり、中間群(16・17歳)や年長群(18・19歳)との間に描画表現の発達的差異はないと思われる。

またGillespie (1994) は「発達からの見解」において、母親像と子ども像がほどよく接近している、ふたりが並んでいる、母親が子どもを抱いているといった典型的な描画はどの年齢層でもみられると述べている。基本的に母子画に

は早期の対象関係が投映され，母子像の身体接触は心の絆を象徴すると考えられる。心の絆は基本的信頼感であり，これはライフサイクルの最初の発達課題である。よって，基本的信頼感が十分に確立されているかどうかはともかくとして，その段階はすべての群がすでに経てきたものであり，年少群・中間群・年長群の母子画に違いがみられなかったのではないだろうか。

(2) 形態

非行群の形態では〔全身〕の出現頻度が少なく，〔顔〕と〔隠れている〕の出現頻度が多かった。近年の凶悪な少年事件は，相手の痛みを感じられず，人間として相手を扱えないことが原因の1つであるといわれている。他者をひとりの人間として認め，相手に向き合うことができないという非行少年の特徴が〔顔〕や〔隠れている〕という形態に表象されたのかもしれない。

また，〔顔〕に比べて〔隠れている〕は全身が想定された描写である。今後の研究では〔顔〕を描く非行少年と〔隠れている〕を描く非行少年の生育歴や非行種別，他の心理検査などの比較・検討ができれば，〔隠れている〕の解釈仮説を明確にすることができるかもしれない。

(3) サイズ

前章までの研究により，〔小さい〕サイズの母子像を描くことは母親との間で安定した養育環境を体験できず，他者との親和的な関係を期待できないことを示すと考えられている。非行少年は豊かな母親の愛を受けた体験が乏しく，自信がなく人間不信になりやすいといわれている（天貝，1999；川崎，1989；山口，1984）。そのような非行少年に〔小さい〕サイズの母子画が多いという今回の結果は，〔小さい〕サイズの解釈仮説を裏づけるものであった。

また非行群のもう1つの特徴は，〔母親は普通・子どもは大きい／母親は小さい・子どもは普通〕のような〔母親＜子ども〕のバランスで描かれる母子画が多いことである。Gillespie（1994）は「母親像は成熟した自我を表す」「子ども像はinner childを表す」という仮説を提示しているが，inner childとは過去の子ども時代に傷ついた心のことである（Bradshaw，1990）。非行少年については自我の未熟さを指摘する研究（佐藤，1994）や少年院在院者の約70％に何らかの虐待体験があるとの報告（法務総合研究所，2001）があり，非行少年の自我の未熟さと虐待体験などによる傷つきの大きさ・強さが〔母

親<子ども〕のバランスに示されたのではないだろうか。注意すべきことは，子ども時代の傷つきの大きさは子ども像のサイズだけで判断されるものではなく，母親像とのバランスをみた上でなされる解釈だということである。

(4) 描画パターン

非行群において最も出現率の高かったパターンは〔母子がともに笑顔／非接触／アイコンタクトなし〕で17.2％，ついで〔母子がともに笑顔／手をつなぐ／アイコンタクトなし〕が13.8％，〔母子がともに非笑顔／非接触／アイコンタクトなし〕がほぼ同数で12.6％であった。

佐藤（1994）は非行少年の愛着が不安定なアンビバレント型であり，愛着対象への接近を強く求めると同時に，対象からの応答性や対象から離れた自分に対して強い不安を抱いていると報告している。また非行少年の母親には無関心で敵対的，拒否的な母親が多い（山口，1984）との報告もあり，非行少年にはアンビバレントや回避的な内的作業モデルが形成されていると推測される。そのような非行少年に〔母子がともに笑顔／非接触／アイコンタクトなし〕が多いという今回の結果は，このパターンの「回避的な内的作業モデルの存在や積極的に人とかかわれないことを示す」「このパターンの笑顔は周囲への迎合を示す」といった解釈仮説と一致する。人を避けようとしながらも，離れることへの不安から周囲に迎合する非行少年の心的世界が，〔母子がともに笑顔／非接触／アイコンタクトなし〕に象徴されていると思われた。

また，非行群に多い〔母子がともに非笑顔／非接触／アイコンタクトなし〕のパターンは学生群では少なく，学生群では基本であった〔母子がともに笑顔／手をつなぐ／アイコンタクトなし〕のパターンが非行群には少なかった。母子画得点においても，非行少年には対象関係の〔良好〕や〔やや良好〕を意味する5点以下の母子画得点を示す被検者が少なかった。これらの結果は，対象関係の問題を抱えた非行群の特徴が母子画に反映されるということを示したものといえるだろう。

第5章

考　察
──心理検査としての母子画の意義──

　第Ⅲ部の目的は母子画を初心者にも利用しやすい検査として整理することであり，母子画の解釈指針を提示することであった。そこで第Ⅲ部では母子画の基礎資料の分析と表現型のタイプや描画パターンの抽出を行い，外的指標との関連や臨床群の研究を実施した。本章ではこれらの研究をまとめながら，心理検査としての母子画の意義について考察する。

第1節　母子画の基礎的分析

（1）母子画の収集と分析

　心理検査として母子画を利用するためには，基本的な母子画を把握する必要があった。そこで従来の描画研究と対象関係論の理論，第Ⅱ部での臨床的事例研究をふまえて母子画の分析指標を設定し，出現頻度を調査した。

　その結果，子ども像の数は〔単数〕が95.5％であった。これは子ども像の数が現実の兄弟数を反映するものではなく，「お母さんと子どもの絵を描いて下さい」という教示により基本的には母子の二者関係がイメージされることを示した。しかし，この教示では4.5％の被検者が複数の子ども像を描いた。したがって，二者関係に主眼を置く母子画では，子ども像の数を指定して「お母さんと１人の子どもの絵を描いて下さい」と教示することが望ましいと思われた。

　また，本研究では出現頻度から表現型を標準タイプ，準標準タイプ，非標準

タイプに分類した。母子像の形態では〔母子がともに全身〕，サイズは〔母子がともに普通〕，表情は〔母子がともに笑顔〕，身体接触は〔手をつなぐ〕，アイコンタクトは〔アイコンタクトなし〕が標準タイプであった。一方，非標準タイプの形態は〔母子がともに顔〕，サイズは〔母子がともに大きい〕，表情は〔母親は笑顔・子どもは空白の顔〕などであり，身体接触は子どもが母親のスカートをつかむなどの〔子からの接触〕，アイコンタクトは子どもだけが母を見つめる〔子⇨母〕であった。

表現型をタイプに分類する試みは，母子画に標準化された心理検査の概念を導入したものであり，初心者に母子画解釈の着眼点を提供するものである。標準化された心理検査の代表的なものとしてY-G性格検査が挙げられるが，Y-G性格検査の尺度の分析は標準点の低いあるいは高い尺度，すなわち強い傾向を示す尺度に注目して解釈する。母子画の場合も標準から大きくはずれた非標準タイプの表現型が出現すれば，そこに注目した解釈がなされる。

第Ⅱ部第2章で報告した「顔だけの母子画―事例B―」を例に説明すると，この母子像の形態は非標準タイプの〔母子がともに顔〕であり，これが大きな特徴である。また，身体接触は準標準タイプの〔非接触〕であり，非標準タイプほど特異なものではないが特徴の1つと考えてよいだろう。そしてサイズ，表情，アイコンタクトの〔母子がともに普通〕〔母子がともに笑顔〕〔アイコンタクトなし〕はそれぞれ標準タイプであり，目立った特徴ではない。このように，標準タイプ・準標準タイプ・非標準タイプの視点から母子画を分析することにより，筆者が経験的に抽出した「顔だけの母子像」（p.33）や「身体接触の欠如」（p.34）の特徴を描画テストの初心者でも捉えることが可能となる。

(2) 描画パターンと母子画得点

第1章で設定した形態やサイズ，表情，身体接触，アイコンタクトはいずれも被検者の「心の内容」を表象する重要な指標である。しかし，これらの理論的な組み合わせは65536パターンとなり，収集した母子画570例の115倍となる。このような膨大なパターンは母子画を解釈するパターンとして実用的ではない。そこで，直観的に了解可能で臨床的にも特に重要と思われる表情，身体接触，アイコンタクトを組み合わせた256パターンについて検討した。

最も出現頻度の多かった描画パターンは〔母子がともに笑顔／手をつなぐ／

アイコンタクトなし〕（24.7％）であった。〔母子がともに笑顔／手をつなぐ／アイコンタクトなし〕は各描画指標の標準タイプが集約されたパターンで、これが母子画の基本パターン、典型例であった。また〔母子がともに笑顔／手をつなぐ／母⇔子〕（9.1％）は基本パターンの亜型であると考えられた。

一方、理論的に成立する256パターンのうち実際に出現したのは77パターンであり、179のパターンが出現しなかった。被検者数を増やすことによって出現するパターンもあると思われるが、逆に被検者数を増やしても健常者には出現しないパターンもあると考えられる。出現しないパターンとは、たとえば〔母子がともに笑顔／子からの接触／母⇨子〕などである。母子が笑顔で子どもだけが母親に触れている場合、子どもが母親を見ている（子⇨母）はあっても、母親が子どもを見ている（母⇨子）パターンは出現しないのではないか、つまり身体接触とアイコンタクトがまったく正反対の関係性で描かれるケースは出現しないのではないかということである。母子画の身体接触とアイコンタクトはどちらも被検者の心の交流（被検者が体験してきた他者との関係のスタイル）を表象したものである。健康な心の状態はある程度の統一性が保たれた状態であり、健常者には上述のような矛盾したパターンは出現しないのではないだろうか。

また、本研究により母子画の基本パターンおよび出現頻度の少ないパターンが明らかにされた。基本パターンの把握は母子画をスクリーニングとして利用する場合に重要な視点となるだろう。逆に出現頻度の少ないパターンや健常者では出現しないと想定されるパターンが描かれた際には、被検者に関する情報を多方面から収集して慎重な解釈を行わなければならない。

さらに、本研究では全体の中に個人を位置付ける方法として母子画得点を作成した。母子画得点とは、表情・身体接触・アイコンタクトの表現型に得点を割り当て、その合計を算出したものである。母子画得点は3点〜16点の範囲となり、最も濃密で相互的な関係が描かれている〔母子がともに笑顔／抱く／母⇔子〕が3点、違和感の強い組み合わせである〔母親は空白の顔・子どもは笑顔／子からの接触／子⇨母〕などが16点となった。母子画得点の分布は統計的に正規分布とは認められなかったが、12点以上の出現率は少なく1.4％であった。この結果は、母子画得点の高い被検者が標準からはずれた特異な傾向を

持つことを示すものであり，母子画得点が被検者の大まかな理解に利用できることを裏づけるものであった。

今回の母子画得点は描画パターン〔表情／身体接触／アイコンタクト〕を数量化したものであった。しかし描画パターンとは別に形態やサイズの表現型を加えた母子画得点を作成すれば，被検者をさらに特徴づけることができたかもしれない。また，今回は順序尺度として数値を割り当てたが，これらの数値を精緻なものにすることによって，母子画得点の分布を正規分布に適合させることも可能であろう。

(3) 信頼性

本研究では4週間間隔の再検査法により母子画の信頼性を検討した。その結果，9指標のうち7指標は検査－再検査の一致率が60％以上であった。また母子画得点でも検査－再検査間に中程度の相関が認められたことから，母子画の信頼性は概ね確認された。

バウムテストの信頼性は，青木（1980）は8日間，青木（1988）では2週間の間隔で再検査を実施し，人物画テストの信頼性を調査した宮川（1989）は1週間の間隔で再検査を実施した。本研究では再検査を4週間後に実施したが，その理由は母子画の「お母さんと子ども」という主題がバウムテストや人物画テストに比べて具体的であり，前回の影響が残りやすいと思われたからである。本研究も1～2週間後に再検査を行っていれば，検査－再検査の一致率は今回の結果よりも高くなったかもしれない。この点については改めて検討する必要があるだろう。また，再検査時に環境的要因をチェックするような調査票の配布，あるいは母子画が大きく変化した被検者には個別面接を実施するなどの配慮も必要である。

さらに，事例研究では心理療法による変化が母子画に反映されることを例証したが，臨床群を対象とした信頼性の研究は実施できなかった。基本的には臨床群でも学生群と同様の結果が予想されるものの，基礎的研究の一貫として臨床群での信頼性を実証することが望ましい。

第2節　母子画と心理検査

　第2章では母子画と愛着尺度，K-SCT，TEGとの関連を調査した。今回の調査の問題点はすべての被検者に3種類の検査を実施できなかったことである。結果的に各描画パターンの出現頻度が少なくなり，統計的な検討が十分になされなかった。母子画における描画パターンの分析は重要なポイントであるため，被検者数を増やした描画パターンの検討は今後の課題である。

(1) 愛着尺度

　愛着尺度を利用した研究では，母子画と3つの内的作業モデルの関連が検討された。3つの内的作業モデルとは，すなわち他者への信頼感や人とかかわる時に親和的関係を期待する内的作業モデル（secure得点），自他を信用できない存在として捉える内的作業モデル（anxious得点），他者との関係を回避するような内的作業モデル（avoidant得点）である。調査の結果，母子画と3つの内的作業モデルの間には関連が認められた。たとえば，形態では〔顔〕の母子像を描く人は〔半身〕を描く人よりもsecure得点が低い，〔母子が空白の顔／手をつなぐ／アイコンタクトなし〕のパターンを描く人は，基本パターンを描く人にくらべてanxious得点が高い，〔母子が非笑顔／非接触／アンコンタクトなし〕のパターンを描く人は基本パターンを描く人にくらべてavoidant得点が高い，といった結果であった。これらの結果は，被検者の内的作業モデルが母子画からある程度読み取れることを示唆している。

　一方で，愛着尺度を利用したことにより個人の内的作業モデルを3つの側面からしか捉えることができなかった。愛着尺度の概念はAinsworth, Blehar, Waters, & Wall（1978）が開発したストレンジ・シチュエーション法を基礎としているため，上述の3つの内的作業モデルが想定されている。しかし内的作業モデルが愛着対象との体験によって形成されるのであれば，内的作業モデルはもっと多様なものであろう。母子画をさらに一般化するためには，被検者の過去の養育体験を直接的に把握し，多様な内的作業モデルとの対応を明らかにする必要がある。養育体験を把握する方法としては，質問紙法であれば両親の養育態度の測定に利用されているParental Bounding Instrument（Parker,

Tupling, & Brown, 1979；高橋, 1994；山口・小林・太刀川・佐藤・堀・鈴木・白石, 1998）と母子画の対応を調べることも有効かもしれない。また，質問紙法での内的作業モデルや対象関係の把握には限界がある。したがって今後はLerner（1998）や関山（2001）の研究を参考に，ロールシャッハ・テストやTATを用いて測定された対象関係と母子画に投映された対象関係の比較・検討も必要であろう。

(2) K-SCT

K-SCTを利用した研究では，母子画と現実の対人態度との関連を検討した。母子像の間に笑顔の表情や身体接触，アイコンタクトが描かれ，信頼感や心の絆が形成されていると解釈される人は，内的世界の信頼感を現実の対人関係にも投映し，現実の対人関係も肯定的に捉えると予測した。結果は，〔母子がともに笑顔〕は〔母子がともに非笑顔〕よりも肯定感情が高く，笑顔の表情が他者に対する肯定的な感情を象徴することが確認された。また，母子が笑顔で〔母⇔子〕のアイコンタクトが描かれる場合，身体接触は〔手をつなぐ〕よりも〔抱く〕のほうが肯定感情・積極感情が高いといった結果が得られた。このような結果から母子画と被検者の現実的な対人態度の間には関連があることが示された。

本研究では数量的にK-SCTを検討した。基礎的研究を行うにあたり数量的な検討は重要なものであったが，文章完成法本来の具体的な内容，たとえば被検者が記述した父親や母親との思い出などを分析することができなかった。K-SCTの内容を具体的に分析することは，被検者の過去の養育体験をより直接的に把握することにつながる。そのような質的検討も解釈仮説の妥当性を高めるためには必要であろう。

(3) TEG

TEGを利用した研究では，母子が見つめ合うアイコンタクトがコンテインの能力と関連するという仮説を検討した。結果は，母子が見つめ合う〔母⇔子〕を描く人は〔アイコンタクトなし〕の人に比べて共感的で奉仕的な親の養育態度（NP）が高いというものであり，特に母子がともに笑顔で母親が子どもを抱きながら見つめ合う姿を描く人は，平均よりも高いNPを示した。このような結果から，母子が笑顔で見つめ合う姿は，母親のコンテインの能力を取

り入れたことを象徴すると考えられた。

　本研究ではコンテインの能力を「母親の共感的な養育態度を取り入れ，被検者自身も他者に対して共感的な養育態度を取ること」とみなし，TEGのNPに注目した。しかしながら，TEGから把握できることはコンテインの概念の一部であり，さらなる検討が必要である。被検者の共感性に焦点を当てるのであれば，共感経験尺度（角田，1991）を用いた研究も考えられるだろう。あるいはParental Bounding Instrument（PBI）ではcareの軸とoverprotectionの軸から4つの養育様式に分類できるが，愛情深く主体性を尊重するような養育様式は，コンテインの「相手の感情を受け止めて解きほぐし，取り扱いやすいものにして返す」機能と考えられる。養育体験を親自身の立場から聴取する手段として田研式親子関係診断テストを使用し，親の態度と子どもの態度を直接的に比較することも有用かもしれない。このような研究を重ねることにより，アイコンタクトの解釈仮説はより妥当性の高いものとなるだろう。

第3節　母子画の解釈仮説

(1) 描画指標

　母子像の形態では，〔顔〕だけの母子像を描く人は母親からの安定した養育体験が乏しく，他者への共感的な態度を持ち難いことが示された。「お母さんと子ども」をイメージした時に，母親や子どもの顔だけしか浮かばないということは，まさに母親から「手をかけてもらえなかった」ことを象徴し，他者に「手を差し伸べることができない」ことを意味する。母子画では身体接触やアイコンタクトだけでなく，形態もまた被検者の関係性を示す指標であり，母子画が全体として個人の対象関係を表象していると考えられた。

　〔隠れている〕母子像は，自分の何かを隠そうとしていることの象徴と捉えるのが一般的であり，防衛感情との関連が予想された。しかし結果として防衛感情との関連は明らかにされず，母親像が〔隠れている〕場合は防衛感情が高いが，子ども像が〔隠れている〕場合の防衛感情はむしろ低いというケースも存在した。Gillespie（1994）は「母親像は成熟した自我を表す」「子ども像はinner childを表す」という仮説を提示している。母子像のどちらが〔隠れてい

る〕のかによって被検者の対人態度が異なるとすれば，非常に興味深い。このような事例を検討することはGillespieの仮説を検証する糸口になるかもしれない。

　サイズでは，〔小さい〕母子像を描く人は他者との間で親和的な関係を期待できない人であり，表情では〔母子ともに笑顔〕を描くことが他者への信頼や肯定的姿勢を意味することが確認された。一般的に〔後ろ姿〕の人物像を描くことは，本当の自分の姿を隠そうとする傾向や逃避的な構えがあることを示すといわれている。しかし本研究の結果では〔母子がともに後ろ姿〕と〔母子がともに笑顔〕の間に差はみられなかった。〔母子がともに後ろ姿〕は，母親（子ども）が子ども（母親）に背を向けているわけではなく，そういった意味では必ずしも逃避的とはいえないのかもしれない。また，〔隠れている〕と同様に，母子のどちらかだけが後ろ姿の事例と母子がともに後ろ姿の事例では，〔後ろ姿〕の意味が異なる可能性も考えられる。他にも遠景の中に描かれる後ろ姿もあれば，画面に大きく描かれる後ろ姿もある。母子画に描かれる後ろ姿が被検者の対象関係のどのような側面を表象しているのか，新たな視点を導入しながら解明していきたい。

　身体接触では，〔手をつなぐ〕や〔抱く〕の差異が明らかにされず，〔非接触〕が回避的な内的作業モデルを象徴することが示唆されたのみであった。また，アイコンタクトでも〔母⇔子〕のような濃密な交流が〔アイコンタクトなし〕に比べてNPが高いという結果が得られただけであった。ここから理解されたことは，描画指標レベルの解釈だけでは大まかな解釈にならざるをえないということである。そしてこの結果は，それぞれの描画指標が相互に関係しながら全体として1つの意味を持つという描画の特徴に起因するものであり，母子画の解釈が描画パターンを中心になされるべきであることを示唆している。

(2) 標準タイプ，準標準タイプ，非標準タイプ

　標準タイプの表現型を描く人は心理検査からも平均な人であることが確認され，基本的に安定した養育環境のなかで自他への信頼感や肯定的な感情が育まれた人であると考えられる。

　準標準タイプの表情や身体接触を描く人は，標準タイプに比べてネガティブな方向へややずれた人であり，準標準タイプの形態やアイコンタクトを描く人

は，標準タイプに比べてポジティブな方向へややずれた人であると考えられた。ここで述べた標準からのずれという概念は，Y-G性格検査の標準点からイメージしたものである。Y-G性格検査の標準点は1から5に区分されているが，対象関係の様相も良好（標準点1）―不良（標準点5）の軸で捉えると，平均的で出現頻度の多い標準タイプは標準点3に相当する。また，アイコンタクトの準標準タイプはポジティブな意味にややずれた標準点2，逆に表情の準標準タイプはネガティブな方向へのずれなので標準点4，非標準タイプは標準点1や5に相当するというイメージである。ここでの得点はあくまでイメージであるが，この概念は母子画得点につながるものである。

今回の研究では準標準タイプや非標準タイプの表現型を「タイプ」として一括した。しかしタイプを臨床的に活用するためには，準標準タイプ・非標準タイプに含まれる各表現型のずれがポジティブなものなのか，ネガティブなものなのかを明確にしなければならない。今後はさらに準標準タイプや非標準タイプについて資料を収集し，詳細な検討を加えていきたい。

(3) 描画パターンと母子画得点

それぞれの描画パターンは基本パターンとの比較をもとに解釈仮説を提示した。基本パターン〔母子がともに笑顔／手をつなぐ／アイコンタクトなし〕は，各検査において全体の平均とほぼ同じ値を示し，基本パターンを描く人は平均的な人であることが確認された。ここでまたY-G性格検査のプロフィール分析を援用すれば，基本パターンの母子画はA型（平均型）に相当すると言えよう。一方，出現頻度の少なかったパターンについても事例的に報告した。今後は出現頻度の少ないパターンを示した被検者の面接調査を実施し，家族関係や生育歴の聴取を行うことが不可欠である。

また各描画パターンの分析から〔母子がともに笑顔／抱く／母⇔子〕が最も望ましいパターンであり，被検者の積極的な愛情や受容的な態度を表象するパターンであると考えられた。逆に〔母子がともに非笑顔／非接触／アイコンタクトなし〕は他者への否定的な感情，養育の体験の不足などを表象するパターンであった。本研究を通じて描画パターンの解釈仮説が提示されたことにより，描画パターンの解釈が母子画解釈の中心的役割を果たすと思われた。また，描画パターンとロールシャッハ・テストやTATとの関連，PBI等の質問

紙法との関連を調査すれば，描画パターンの解釈はさらに充実したものとなるだろう。

　描画パターンは一見単純な組み合わせのようであるが，純粋に並列的なものではない。たとえば，〔母子がともに笑顔／手をつなぐ／母⇔子〕は一部（下線部）だけが基本パターンと異なる亜型である。ここで一部だけが異なるパターンを機械的に亜型と判定すると〔母子がともに笑顔／非接触／アイコンタクトなし〕もまた亜型ということになる。しかし，このパターンは基本パターンに比べてavoidant得点が高く，FCや積極感情が低いなどの特徴があり，基本パターンにくらべてネガティブな意味が強い。アイコンタクトがなくても母子が手をつないでいれば，両者の間にコミュニケーションは成立する。しかし，アイコンタクトがなく身体接触もないとすれば，両者の関係性は非常に希薄なものとなる。描画パターンに含まれた指標は，それぞれに関連しながら全体として初めて意味をなすのである。

　母子画得点はavoidant得点やNP，FCとの間に弱い相関が認められ，母子画得点は被検者の大まかな理解に利用できると思われた。しかしながら，本研究の母子画得点は，描画指標のそれぞれが関連しながら全体として意味をなすという描画の特徴を反映させることができなかった。そのため母子画得点と心理検査の相関は弱い相関にとどまったものと思われる。高い相関を示す母子画得点の作成が肝要であるにしても，整理の手続きが煩雑なものになれば母子画得点の簡便性が失われる。簡便性と妥当性を兼ね備えた母子画得点の開発が今後の課題である。

第4節　精神障害者と非行少年の母子画特徴
　　　──解釈仮説の妥当性

　第4章では精神障害者と非行少年の母子画特徴を報告した。多くの研究で報告されている彼らの心的世界が母子画にどのように反映されるのかを調査し，第3章で述べた解釈仮説の妥当性についても検討した。

(1) 精神障害者の母子画特徴
　精神障害者を対象とした調査では，妄想−分裂態勢と考えられるS群と抑う

つ態勢にあると考えられるN群，抑うつ態勢の不安をもちこたえたと想定される学生群を比較した。その結果，S群やN群は学生群に比べて身体接触では〔非接触〕，アイコンタクトでは〔アイコンタクトなし〕が多かった。また両群ともに基本パターンの出現率が低く，かわりにS群では〔母子がともに笑顔／非接触／アイコンタクトなし〕〔母親は非笑顔・子どもは笑顔／手をつなぐ／アイコンタクトなし〕〔母親は非笑顔・子どもは笑顔／非接触／アイコンタクトなし〕〔母子がともに非笑顔／非接触／アイコンタクトなし〕，N群では〔母子がともに非笑顔／非接触／アイコンタクトなし〕〔母子がともに空白の顔／非接触／アイコンタクトなし〕の出現率が高かった。学生群の研究では〔母子がともに非笑顔／非接触／アイコンタクトなし〕が他者へ否定的な感情，共感性の乏しさなどを意味する最も注意の必要な描画パターンであると考えられたが，これが精神障害者に出現率の高いパターンであるという結果は，解釈仮説の妥当性を示すものである。

　本研究により，妄想－分裂態勢や抑うつ態勢の特徴が母子像の表情や身体接触，形態に示されることが明らかになった。どちらの心的態勢も〔非接触／アイコンタクトなし〕が大きな特徴であるが，〔母親は非笑顔・子どもは笑顔／非接触／アイコンタクトなし〕や〔母子がともに笑顔／非接触／アイコンタクトなし〕はスプリッティングの機制を示し，妄想－分裂態勢の特徴であった。一方で〔母子がともに空白の顔／非接触／アイコンタクトなし〕は，否認の機制を示す抑うつ態勢の特徴であると考えられた。描画パターンの分析が被検者の心的態勢，つまり患者の病態水準を理解する手段となりうるという本研究の結果は，母子画の臨床的有用性を示すものである。

　この点について「顔だけの母子画─事例B─」を例にあげると，この事例の描画パターンは〔母子がともに笑顔／非接触／アイコンタクトなし〕であった。これは積極的に人とかかわれないだけでなく，妄想－分裂態勢に出現率の高いパターンであり，Bの心的態勢は妄想－分裂態勢の可能性がある。よって治療過程ではスプリッティングのような分裂機制の反応が生じる可能性がある。治療者がこのことを念頭に面接に臨んでいれば，そのような現象が生じても冷静に介入することができる。

(2) 非行少年の母子画特徴

非行少年の研究では187名の非行少年に母子画を実施した。学生群との比較から明らかになったことは，非行群では〔母子がともに隠れている〕や，母子像のサイズが〔母親＜子ども〕のバランスで描かれるケースが多いということであった。従来指摘されている非行少年の特徴を考慮すると，〔隠れている〕が全体としての自分に向き合えないことを示し，〔母親＜子ども〕のバランスが虐待経験の傷つきと自我の未熟さを意味するのではないかという仮説が考えられた。また，非行群は学生群よりも〔母子がともに空白の顔〕が少なく，〔母子がともに非笑顔〕が多かった。第3章で述べたように〔空白の顔〕は感情の否認を示し，〔非笑顔〕は笑顔になれない感情を否認しないで表現できることを意味する。しかし非行少年における〔非笑顔〕は，非行少年の耐性欠如やコントロール不全（新田，1986；羽間，2003）のサインとみなされる。つまり，〔非笑顔〕の母子像は"感情を否認しないで表現できる"と解釈される場合と，逆に"感情をコントロールできない"と解釈すべき場合があり，そのどちらであるかは他の描画指標との関連から総合的に判断される。

非行少年の描画パターンは〔母子がともに笑顔／非接触／アイコンタクトなし〕や〔母子がともに非笑顔／非接触／アイコンタクトなし〕の出現率が高く，これは精神障害者にも高いパターンであった。一方，〔母子がともに非笑顔／非接触／母⇨子〕は非行少年にのみ高い出現率を示した。今後は精神障害者と非行少年に共通したパターンの意味，また精神障害者や非行少年に特有のパターンの意味を明らかにすることが求められる。そのためには精神障害者だけでなく，非行少年の事例研究が必須である。このような臨床群での研究を充実させることができれば，初心者でも健常群と臨床群の鑑別が可能になるだろう。臨床事例の解釈において病態水準の鑑別が重要なポイントであることは言うまでもなく，このような研究が母子画の心理検査としての有用性をさらに高めることになる。

第5節　まとめ

今回の研究成果と今後の課題を以下にまとめる。

①本研究の目的は，母子画を初心者にも利用しやすい検査として整理することと，母子画の解釈指針を提示することであった。そこで基礎的資料の収集と分析を通じて表現型のタイプや描画パターン，母子画得点を提言した。特に描画を全体的に捉えるための描画パターンを解釈の柱とすることによって，初心者にも母子画の解釈が容易になると思われた。

②描画指標の表現型とタイプ，描画パターンは，愛着尺度，K-SCT，TEGを用いた調査から解釈仮説を提示した。特に描画パターンは少数例を含めた18パターンの特徴を明らかにした。

③精神障害者や非行少年の母子画特徴を調査し，解釈仮説の妥当性を検討した。学生群には出現率が低く，精神障害者や非行少年には出現率の高い描画パターンが明らかにされ，解釈仮説の妥当性は概ね確認された。

④母子画の解釈は，表現型のタイプから解釈のポイントをピックアップすることから始め，描画パターンの解釈仮説を参考にして被検者の心的世界を理解する。

⑤今後の課題としては，調査対象の拡大が挙げられる。小学生や中学生を対象とした研究，また学生群の対象者を追加した描画パターンの再検討が必要である。さらに被検者の過去の養育体験を測定する方法は，質問紙法に加えて投映法による検討も望まれる。臨床群の事例数を増やした分析も母子画の臨床的利用には必須である。

　本研究により母子画は心理検査として有用であることが示された。本書で示したような基礎的・数量的研究をふまえた上で，印象分析をも考慮した心理アセスメントを行えば客観的な側面と主観的側面を統合した解釈が可能になる。母子画は被検者の心的世界を具体的に，実感をもって理解することのできる検査であり，その後の心理療法に指針を与える心理検査である。

● ● ● 引用・参考文献 ● ● ●

[引用文献]

Ainsworth, M. D. S., Blehar, M. C., Waters, E., & Wall, S. 1978 *Patterns of attachment: A psychological study of the strange situation.* Hillsdale, NJ: Erlbaum.
秋谷たつ子　1984　ロールシャッハ・テストと心理療法の関連—臨床的ならびに理論的観点から—　ロールシャッハ研究，**26**，3-11.
天貝由美子　1999　一般高校生と非行少年の信頼感に影響を及ぼす経験要因　教育心理学研究，**47**(2)，229-238.
安藤　治　1990　人物二人法—他者表現の治療的機能—　芸術療法学会誌，**21**(1)，46-54.
Anzieu, D. 1985　*Le moi-peau.* Paris: Bordas.　福田素子(訳)　1993　皮膚—自我　言叢社
青木健次　1980　投影描画法の基礎的研究(第1報)—再検査信頼性—　心理学研究，**51**(1)，9-17.
青木　修　1988　バウムテストの安定性に関する検討　心理測定ジャーナル，**24**(5)，15-20.
Appel, K. E. 1930　Drawing by child as aids to personality studies. *American Journal of Orthopsychiatry,* **1**, 129-144.
馬場禮子　1961　自我心理学に基づくロールシャッハ・テストの了解について　ロールシャッハ研究，**Ⅳ**，155-169.
馬場史津　1997　Mother and Child Drawingsの基礎的研究　社会精神医学研究所紀要，**26**，30-36.
馬場史津　2001a　母子画(Mother and Child Drawings)の臨床的活用(1)—描画による見立ての試み—　文教大学臨床相談所紀要，**5**，17-25.
馬場史津　2001b　母子画(Mother and Child Drawings)の基礎的研究(2)—構成的文章完成法による検討—　日本心理臨床学会第20回大会発表論文集，p. 255.
馬場史津　2002　母子画(Mother and Child Drawings)の臨床的活用(2)—上半身(顔と肩まで)の母子画を描いた事例—　文教大学臨床相談所紀要，**6**，7-12.
馬場史津　2003　母子画の基礎的研究—成人版愛着スタイル尺度との関係から—　臨床描画研究，**18**，110-124.
Berne, E. 1964　*Games people play.* New York: Grove Press.　南　博(訳)　1994　新装版　人生ゲーム入門　河出書房新社
Bion, W. R. 1962　*Learning from Experience.* London: Maresfield Reprurts.　福本　修(訳)　1999　精神分析の方法Ⅰ　法政大学出版局
Bowlby, J. 1944　Forty-four juvenile thieves, their characters and homelife. *International Journal of Analysis,* **25**, 19-53.
Bowlby, J. 1973　*Attachment and loss. Vol. 2 Separation.* New York: Basic.　黒田実郎・岡田洋子・吉田恒子(訳)　1977　母子関係の理論Ⅱ　分離不安　岩崎学術出版社
Bradshaw, J. 1990 *Homecoming, reclaiming and championing your inner child.*　新里里春(監訳)　1993　インナーチャイルド—本当のあなたを取り戻す方法—　NHK出版
Buck, J. N. 1948　The H-T-P technique: A qualitative and quantitative scoring manual. *Journal of Clinical Psychology,* **4**, 317-396.
Burns, R. C. & Kaufman, S. H. 1972　*Action, Styles and symbols in kinetic family drawings (K-F-D): An interpretative manual.* New York: Brunner/Mazel.　加藤孝正・伊倉日出一・久保義和(訳)　1975　子どもの家族画診断　黎明書房
Di Leo, J. H. 1983　*Interpreting children's drawings.*　白川佳代子(訳)　2002　子どもの絵を読む—潜伏期の子どもの121枚の絵—　誠信書房
Freud, A. 1936　*The ego and the mechanisms of defense.* New York: International Universities Press.　牧田清志・黒丸正四郎(監修)　黒丸正四郎・中野良平(訳)　1982　アンナ・フロイト著作集　第2巻　自我と防衛機制　岩崎学術出版社
藤岡淳子　2001　非行少年の加害と被害—非行臨床の現場から—　誠信書房

引用・参考文献

深田尚彦　1958　学童の家族画　心理研究, **29**, 264-265.
Furth, G. M. 1988　*The seacret world of drawings : Healing through art.*　角野善宏・老松克博(訳)　2001　絵が語る秘密―ユング派分析家による絵画療法の手引き―　日本評論社
Gillespie, J. 1989　Object relations as observed in projective mother-and-child drawings. *The art in psychotherapy*, **16**, 163-170.
Gillespie, J.　1994　*The Projective Use of Mother and Child Drawings: A manual for clinicians*. New York: Brunner/Mazel.　松下恵美子・石川　元(訳)　2001　母子画の臨床応用―対象関係論と自己心理学―　金剛出版
Goodenough, F. L. 1926　*Measurement of intelligence by drawings*. Harcourt, Brace & World.
Handler, L.　1991　人物画解釈における性格特徴とタスクアプローチ　臨床描画研究, **6**, 70-83.
羽間京子　2003　非行少年の自己コントロールする力を育む臨床援助　児童心理, **57**(2), 102-106.
原　幸一・中西恵美　2000　知的障害をもつ自閉症児のバウムテスト　心理臨床学研究, **18**(4), 390-395.
Harris, D. B. 1963　*Children's drawings as measure of intellectual maturity*. New York: Harcourt, Brace & World.
Hazan, C. & Shaver, P. 1987　Romantic love conceptualized as an attachment process. *Journal of Personality and Social Psychology*, **52**, 511-524.
Healy, W. & Bronner, A. F. 1936　*New light on delinquency and its treatment*. New Haven: Yale University Press.　樋口幸吉(訳)　1956　少年非行　みすず書房
日比裕康　1974　動的家族描画法(K-F-D)の研究Ⅰ―その紹介と理論的基礎―　滋賀女子短期大学研究紀要, Ⅱ, 79-113.
日比裕康　1986　動的家族描画法―家族画による人格理解―　ナカニシヤ出版
日比裕康　1994　人物描画法―絵にみる知能と性格―　ナカニシヤ出版
平井誠也・田口雅徳　2001　子どもの描画表現における奥行き表現　学校教育実践学研究, **7**, 81-87.
平川義親　1993　シンナー吸引少年の特徴について―統合型HTPテストに示される棒人間(stick figure)を通して見た一考察―　臨床描画研究, **8**, 213-223.
Hirshi, T. 1969　*Cause of delinquency*. Berkeley: University of California Press.　森田洋司・清水新二(監訳)　1994　非行の原因―家庭・学校・社会のつながりを求めて―　文化書房新社
法務総合研究所　2001　法務総合研究所研究部報告11　児童虐待に関する研究(第1報告)
Hulse, W. C. 1951　The emotional disturbed child draws his family. *Quarterly Journal of Child Behaviour*, **3**, 157-174.
一丸藤太郎・倉永恭子・森田裕司・鈴木健一　2001　通り魔殺人事件が児童に及ぼした影響　心理臨床学研究, **19**(4), 329-341.
石川　元　1986　家族画(FDT, DAF)と合同動的家族画(CKFD)　臨床描画研究, **1**, 105-129.
石川義博　1992　非行・犯罪　土井健郎・笠原　嘉・宮本忠雄・木村　敏(編)　異常心理学講座10巻　文化・社会の病理　みすず書房
石関ちなつ・中村延江・田副真美　1988　バウムテスト・チェックリスト作成の試み　心理測定ジャーナル, **24**(3), 14-20.
伊藤俊樹　2001　なぐり描き(Mess Painting)法が個人に及ぼす退行促進作用およびそのプロセスについて　心理臨床学研究, **19**(4), 375-387.
岩井　寛(編著)　1981　描画による心の診断―子どもの正常と異常をみるために―　日本文化科学社
角田　豊　1991　共感経験尺度の作成　京都大学教育学部紀要, **37**, 248-258.
片口安史・早ль幸夫　1989　構成的文章完成法(K-SCT)解説　日本総合教育研究会
川端つね　1961　幼児の家族画にかんする研究　児童精神医学とその近接領域, **2**(2), 41-59.
河合隼雄　1999　心理検査と心理療法　精神療法, **25**(1), 3-7.
川崎道子　1989　女子非行　内山喜久雄・筒井末春・上里一郎(監修)　メンタルヘルスシリーズ　非行　同朋舎出版　Pp. 234-255.
北林百合之介・上田英樹・成本　迅・中村佳永子・北　仁志・福井顯二　2001　時計描画テスト―簡

易痴呆重症度評価法— 精神医学, **43**(10), 1063-1069.
北山 修 2000 二者間内交流と二者間外交流—浮世絵のなかの母子関係— 日本芸術療法学会誌, **31**(1), 5-13.
北山 修 2001 精神分析理論の臨床 精神書房
Klein, M. 1921 *Love, guilt and reparation and other works, 1921〜1945.* 西園昌久・牛島定信(編) M. クライン著作集1 子どもの心的発達 誠信書房
Knoff, H. M. & Prout, H. T. 1985 *Kinetic drawing system for family and school : A handbook.* Los Angeles: Western Psychological Services. 加藤孝正・神戸 誠(訳) 2000 学校画・家族画ハンドブック 金剛出版
Kobak, R. R. & Sceery, A. 1988 Attachment in late adolescence: Working models, affect regulation and representations of self and others. *Child Development*, **59**, 135-146.
Koch, C. 1952 *The tree test.* Hans Huber, Bern. 林 勝造・国吉政一・一谷 彊(訳) 1970 バウム・テスト 日本文化科学社
Kohut, H. 1978 *The search for the self.*(ed. by Ornstin, P.) New York: International Universities Press. 伊藤 洸(監訳) 1987 コフート入門—自己の探求— 岩崎学術出版社
Kohut, H. 1987 *The Kohut Seminars on Self Psychology and Psychotherapy with Adolescents and Young Adults.*(ed. by Elson, M.) New York: W. W. Norton & Company. 伊藤 洸(監訳) 1989 コフート自己心理学セミナー1 金剛出版
Koppitz, E. M. 1968 *Psychological evaluation of children's human figure drawings.* Orlado: Grune & Stratton. 古賀行義(監修) 甲斐直義(訳) 1971 子どもの人物画—その心理学的評価— 建帛社
Korchin, S, J. 1976 *Modern clinical psychology.* New York: Basic Books 村瀬孝雄(監訳) 1980 現代臨床心理学 弘文堂
久保 恵 2000 愛着表象の投影法的研究—親子状況刺激画を用いて— 心理学研究, **70**(6), 477-484.
Lee, R. R. & Martin, J. C. 1991 *Psychotherapy After Kohut: A Textbook of Self Psychology.* Hillsdale: The Analytic Press. 竹友安彦・堀 史朗(監訳) 1993 自己心理学精神療法—コフート以前からコフート以後へ— 誠信書房
Leibowitz, M. 1999 *Interpreting projective drawings: A self psychological approach.* New York: Brunner/Mazel. 菊池道子・溝口純二(訳) 2002 投影描画法の解釈—家・木・人・動物— 誠信書房
Lerner, P. M. 1998 *Psychoanalytic Perspectives on the Rorschach.* Hillsdale: The Analytic Press. 溝口純二・菊池道子(監訳) 2003 ロールシャッハ法と精神分析的視点 下巻 金剛出版
Machover, K. 1949 *Personality projection in the drawing of human figure.* Springfield: Charles C. Thomas. 深田尚彦(訳) 1974 人物画への性格投影 黎明書房
松木邦裕 1996a 対象関係論を学ぶ 岩崎学術出版
松木邦裕 1996b 逆転移,再考 精神分析技法理論からの一論及 心理臨床学研究, **14**(2), 219-225.
松本真理子 1999 子どもの描画療法における歴史と将来の展望—日米の文献考察を踏まえて— 心理臨床学研究, **17**(2), 198-208.
松下恵美子・石川 元 1999 母性意識と母子画に描かれた対人表現との関連について 臨床描画研究, **14**, 43-55.
三上直子 1995 S-HTP法—統合型HTP法による臨床的・発達的アプローチ— 誠信書房
三沢直子 2000 描画テストに表れた子どもの攻撃性—その背景にある子育て状況の問題— 教育, **50**(7), 44-51.
三上直子・岩崎和江 1981 統合型HTP法における幼稚園児から大学生までの描画発達—分裂病者の描画特徴との関連において— 臨床精神医学, **10**, 1331-1339.
宮川治樹 1989 描画法の研究(2)—描画特徴の継時的安定性— 臨床教育心理学研究, **15**(1), 7-10.
森 茂起・白川敬子・鈴木暁人・利根川雅弘・戸田みな子・宮本茂子・森地明子・久松睦典 2000

引用・参考文献

描画グループワークによる心的外傷への治療的関わり—阪神・淡路大震災後の小学校における実践から— 心理臨床学研究, **18**(5), 511-522.

麦島文夫 1990 シリーズ人間発達2 非行の原因 東京大学出版会

Myers, D. V. 1978 Toward an objective evaluation procedure of the Kinetic Family Drawings(KFD). *Journal of Personality Assessment*, **42**(2), 358-365.

中農浩子・前田研史・富田和代・藤田和加子・富田忠明・山本悦代・金澤忠博・西澤 哲・小林美智子 2000 被虐待児の描画に表現される心理特性について—被虐待体験の内的世界を理解するために— 明治安田こころの健康財団研究助成論文集(36), 48-56.

成田善弘 1994 強迫症の臨床研究 金剛出版

西澤 哲 1994 子供の虐待 誠信書房

西園昌久 1998 逆転移の今日的理解 精神療法, **24**(6), 525-539.

新田健一 1986 非行—悪に魅せられる少年少女— 金子書房

O'Breien, R. P. & Patton, W. F. 1974 Development of an objective scoring method for the kinetic family drawing. *Journal of Personality Assessment*, **38**(2), 156-164.

小田知子・二宮秀子・徳田良仁 1970 絵画療法とロールシャッハ・テストの関連性 芸術療法, **3**, 2-12.

小栗正幸 1995 回想動的家族画 臨床描画研究, **10**, 32-44.

Oster, G. D. & Gould, P. 1987 *Using drawings in assessment and therapy: A guide for mental health professionals*. Brunner/Mazel.

Parker, G., Tupling, H., & Brown, L. B. 1979 A Parental Bonding Instrument. *British Journal of Medical Psychology*, **52**, 1-10.

Peterson, L. W. & Hardin, M. E. 1997 *Children in distress: A guide for screening children's art*. New York: Norton & Company. 津波古澄子・安宅勝弘(訳) 2001 危機にある子を見つける 描画スクリーニング法 講談社

Prout, H. T. & Phillips, P. D. 1974 Clinical note: The kinetic school drawings. *Psychology in the Schools*, **11**, 303-306.

リーネル．B・杉浦京子・鈴木康明 2000 星と波テスト入門 川島書店

貞木隆志・長屋正男・黒田聖一・下田裕子 2000 色塗り法の研究—重度知的障害者の心理アセスメントにおける塗り絵課題の有用性— 心理臨床学研究, **18**(4), 396-401.

佐藤朗子 1994 対人関係の持ち方における非行少年の特徴—愛着理論の視点から— 犯罪心理学研究, **32**(2), 23-34.

澤柳志津江・石川 元・川口浩司・大原健士郎 1989 「雨中人物画」にあらわれた森田療法の治療過程 臨床精神医学, **18**(1), 81-89.

関山 徹 2001 Social Cognition and Object Relation Scale 中京大学版(SCORS-C)評定マニュアル 中京大学心理学部紀要創刊号, 69-78.

Shearn, C. R. & Russell, K. R. 1969 Use of the family drawing as a technique for studying parent-child interaction. *Journal of Projective Techniques*, **3**, 35-44.

島 悟 1999 評価尺度としての心理検査 精神療法, **25**(1), 8-15.

Sperling, M. B., Foelsch, P., & Grace, C. 1996 Measuring adult attachment: Are self-report instruments congruent? *Journal of Personality Assessment*, **67**(1), 37-51.

Sugarman, A. 1979 The infantile personality: Orality in the hystric revisited. *The International journal of psycho-analysis*, **60**, 501-513.

高橋雅春 1974 描画テスト入門—HTPテスト— 文教書院

高橋雅春 1975 HTPPテストによる正常者と精神分裂病者の比較 関西大学社会学部紀要, **7**(1), 77-94.

高橋雅春 1984 心理診断としての描画テスト 関西大学社会学部紀要, **16**(1), 277-288.

高橋雅春・高橋依子 1991 人物画テスト 文教書院

高橋誠一郎 1994 Parental Bonding Instrument(PBI)を用いた摂食障害患者における両親の養育態度の

評価　臨床精神医学，**23**(9)，1035-1046.
高橋依子　1987　大学生の家族画―再テストを中心として―　臨床描画研究，**2**，27-42.
詫摩武俊・戸田弘二　1988　愛着理論からみた成人の対人態度―成人版愛着スタイル尺度作成の試み―　東京都立大学人文学報，**196**，1-16.
戸田弘二　1990　女子青年における親の養育態度の認知とInternal Working Modelsとの関連　北海道教育大学紀要，**41**(1)，91-99.
東京大学医学部心療内科（編著）　1995　新版エゴグラム・パターン　金子書房
内山絢子　1993　科学警察研究所報告　防犯少年編，**34**，19-33.
臺　弘・斎藤　治・三宅由子　2001　日常診療のための簡易精神機能テスト（第3報）―分裂病者のバウム・テスト―　精神医学，**43**(7)，737-744.
Wang, H.-X., Ericsson, E., Winblad, B., & Fratiglini, L. 1998 The human figure drawing test as a screen for dementia in the elderly : A community -based study. *Archives of Gerontology & Geriaerics*, **27**(1), 25-34.
Winnicott, D. W. 1986 *Holding and Interpretation:Fragment of an analysis*. London: Hogarth Press.　北山　治(監訳)　1989　抱えることと解釈―精神分析治療の記録―　岩崎学術出版社
やまだようこ　1988　私をつつむ母なるもの　有斐閣
山口直美・小林　純・太刀川弘和・佐藤晋爾・堀　正士・鈴木利人・白石博康　1998　摂食障害における両親の養育態度と自殺企図との関連の検討―Parental Bonding Instrumentを用いて―　心身医学，**40**(1)，26-32.
山口　透　1984　少年非行学　有信堂高文社

[参考文献]
神宮英夫　1998　はじめての心理統計―統計モデルの役割と研究法を考える―　川島書店
室　淳子・石村貞夫　1999　SPSSでやさしく学ぶ統計解析　東京図書
小此木啓吾・馬場禮子　1989　新版　精神力動論　金子書房
田中　敏・山際勇一朗　1992　新訂　ユーザーのための教育・心理統計と実験計画法―方法の理論から論文の書き方まで―　教育出版
辻岡美延　2000　新性格検査法　Y-G性格検査実施・応用・研究手引　日本心理テスト研究所
山上　暁・倉智佐一　2003　新版　要説心理統計法　北大路書房

あとがき

　本書は母子画の臨床的な事例と基礎的な研究をまとめたものです。Gillespieの母子画は日本では馴染みのないものでしたが，私の母子画との出会いも書店から送られてきた1通のダイレクトメールでした。The Projective Use of Mother-and-Child Drawingsというタイトルに惹かれて注文したところ，届いた本の目次には転移や逆転移という言葉が並んでいました。

　当時，精神力動的な心理療法のトレーニングを始めた私は，転移という現象を十分に理解できずにいました。スーパーバイザーから「彼のお父さんは厳しい人で，彼はとても怖がっていた。彼はあなたのことをお父さんと同じような厳しい人とみなして，恐れているのです」と説明されると理解はできるものの，目の前の彼が私をそのように見ているという実感が持てませんでした。また，ロールシャッハ・テストの解釈をしても，抽象的な言葉が上滑りし，ロールシャッハ・テストに示されていたサインは被検者のこのような言動を意味していたのかと心理療法が始まってから理解するケースが続きました。被検者の心の世界をもっと具体的に理解できるような，目に見える手がかりが欲しいと感じていた私にとって，Gillespieの本はとても魅力的なものでした。

　本を読み始めると実際に自分でも母子画を取ってみたくなりました。健常者のデータを集めると，The Projective Use of Mother-and-Child Drawingsに掲載されているように，いろいろな絵があることがわかりました。その後少しずつ臨床的にも実施するようになり，「この絵の世界は，まさにこの人の心の世界なんだ！」という事例に出会ったことで，「母子画は臨床的に利用できる」という手ごたえを感じました。

　このような背景で私の母子画研究はスタートしました。研究を進めるうちに，母子画の手引きのようなものを作りたいと考え，文教大学大学院人間科学研究科博士課程に入学しました。基礎的資料の収集には被検者の皆さんや関係機関のスタッフの方のご協力をいただき，この場を借りて感謝いたします。

　臨床的な事例を改めて見直し，基礎的な研究を心理検査という視点から整理したものを博士論文としてまとめました。論文をまとめるにあたって，主査で

あとがき

あった上杉喬先生（現文教大学学長）には，多忙なスケジュールの中で心理検査の基本的な考え方から個々のデータに至るまで丁寧にご指導いただきました。心からお礼を申しあげます。

　また，主観的な解釈に陥りがちな私に，伊藤研一先生（現学習院大学教授）は客観的で冷静な視点から助言してくださいました。検査者が描画の中（被検者の心的世界）に立って解釈しようとするスタイルは，伊藤先生から受けたフォーカシング体験によって触発されたものだと思います。私にとって母子画と心理療法は切り離せないものであり，心理療法のトレーニングを受けて人間の心についての理解が少しずつ深まったことが，私の母子画の解釈，ロールシャッハ・テストの解釈に大きな影響を与えました。私が担当した事例の方々，ご指導いただきました先生方，本当にありがとうございました。これまでに学んだことを糧に私自身が心理臨床家，研究者として成長し，教育に携わりながら心理臨床を目指す後輩たちに伝えていきたいと思います。本書が少しでも心理臨床に関わる方の役に立てば幸いです。

2005年5月

馬場史津

付表

付表1 事例Bのロールシャッハテストプロトコル

No	RT/Pos	Response	Inquiry	Scoring
I	2″ ∧	もう言っていいんですか？ ①コウモリ。	①色と，あとこういうところ。羽。触角というか，ありますよね。それで羽の広げ方とか。〈？〉広がって飛びますよね。そういう時の感じ。	W FM± A P FC'
	40″	(ふせる)〈もう少し見て〉…感想とか？〈他にもあれば〉		
	∧ 1′14″	怖いもの…デビルって感じ。	〈怖いもの，デビル？〉コウモリって気持ちのいいものではないから。〈デビルが見えてた？〉コウモリ…に似たような感じ。〈1つで？〉はい。〈怖い？〉暗いし，コウモリは気持ちよくない，かわいくない。洞窟とかの暗いところでキーッと向かってくる。テレビとかで。それで。	
II	14″ ∧	①色の組み合わせがよくない。何か変なこと言ってもいいですか？ 生理で血が出てる感じ。いい絵じゃないって。	①この辺，お尻。性器の感じ。血が出てる。今は，ゾウのような感じの，黒いところ。これはやっぱり血。〈生理？〉この辺。こっちは気にしてなかった。〈生理？〉この色の広がり方。ドバッと出てる感じ。	D CF∓ Bl m Sex
	∧ 49″	②（追加）	②〈ゾウを教えて〉この辺，足。2匹がぶつかって血が出てる感じ。〈ゾウ？〉鼻に見えて，小さい子ゾウ。顔，目，鼻。〈小さい？〉子ゾウ。〈？〉頭が大きいけど身体が小さい。大きいゾウならもう少しこの辺が，ゾウのようなクマのような，どっちにしても小さい，かわいい系の動物。	D×2 FM± A P CF Bl
III	5″ ∧	これも…趣味じゃない。気持ちのいい絵じゃない。		
	19″ ∧	①赤いのが生き物。跳んでるような感じ。	①この2つが…何というか，何の動物かよく…ビーバーとか，ネズミ系。足を上げて，頭で足。〈ネズミ？〉小さい…リスとか小動物。〈小さい？〉そう。〈跳んでる？〉ピョンピョン遊んでる。〈？〉足が上に向いてるので。	D FM± A
	∧ 1′00″	②③黒いのが骨盤に見える。人間のこの辺（下肢）から切った断面のような。	②動物のじゃなくて，これは別で，赤いの。〈黒いの〉それは別。別の骨盤の断面図。〈らしさ？〉形。赤いから女の人っぽい。〈？〉赤とかピンクは女性のイメージ。	D F∓ At-b Csym
			③これは理科室の標本。本とかの断面図。性別とかなくて，標本。見本。身体の前，後ろ。〈断面？〉輪切りにして上から見た感じ。	D F∓ At-b 標本
IV	4″ ∧	①怖いクマみたいな感じ。	①色が明るくないですよね。私はああいうの好きじゃない。	W Fc± Aobj P

167

付表

		あとは，こういうお金持ちの家とかのクマの敷物。こういうの（手を広げるしぐさ）色が暗いですね。ちょっと気持ち悪い感じ。	お金持ちのソファとか顔とかがあって気持ち悪い。〈一緒？〉そう。〈顔？〉この辺。手で，足でしっぽ。〈敷き物らしさ？〉まず，形と，ぼやけてるところ。ふわふわしているじゃないですか。似てるなって。〈気持ち悪い？〉タイプじゃない。	
	49″			
V	3″ ∧	①これもコウモリみたい（笑）。飛んでるコウモリみたい。…上のところが触角かな。特に…ないです…。	①これの方が最初のより小型。メスの小さいコウモリ。〈？〉形が小さい。羽とか頭，手，頭が小さい。〈メス？〉の感じ。〈？〉小さいから。あんまり攻撃的でない気がする。最初のは，ガオーって，気持ちよくないけど，最初のよりまし。〈触角？〉この2つ。	W FM± A P
	47″			
VI	15″ ∧	なんだろう…何に見えるかな…。		
	28″ ∧	①上の方は生き物というか，ネズミがつぶれちゃったみたい。	①そんなこと言いました？ ここは，ネズミか，クマの置き物じゃないけど，ベタッとつぶれた。ここヒゲ。〈あとは？〉れ，手，足。〈つぶれた？〉普通はネズミを横から見た感じを想像。これは上から見て手足がこうなってるので。	D Fm± A
	∧	②まっすぐこれは背骨みたいな，色がみんな暗いから，うまく想像できません。	②別…別に合ってはいないけど，背骨って感じ。〈背骨？〉まっすぐだし，濃くなってて。レントゲンとか，見たことないけど，骨って写る。〈レントゲンの骨？〉そう。	dr F∓ At-b CF Xray
	∧	③逆さまでもいいですか？逆さまに見ると，2人？ここ取ると，犬なんかの動物が2匹，背中合わせにいる感じ。	③見えた…。顔で，手，足で，芸してる感じ。犬が。よくありますよね。	D FM± A
	1′46″			
VII	7″ ∧	①これは2人，女の子が向き合ってるような感じ。話してる。髪の毛をしばって。でもこの辺は怖い。なんか。	①2人いて，髪の毛はこうしばってて。楽しそうにしゃべってる感じ。横顔，鼻，口とか，目が。〈顔で？〉顔だけ。	D M± Hd
	∧	②ブタみたいのが2匹いるような。目が怖い。	②なぜかその下にブタ。目に見えて，この目がギロッとしてて怖い。ちょっと出てるのがブタの鼻。口が歯が見えそう。	D F± Hd
	∧	③上の方はかわいいっていうか，女の子みたい。この辺は別に，お尻みたい。	③〈お尻？〉また変な話ですけど，婦人科の本とか，女性器…こうして足を広げて見てる感じ。これが女性器。肛門みたいで。	D F± Sex
	1′18″			
VIII	6″ ∧	色がすごくきれい。さっきより。		
	20″ ∧	①ネコが2匹いる。赤いのが。葉っぱ，木でじゃれ合っている感じ。	①赤いところがネコ。頭，手，足，しっぽ。この辺よく分からないけど，葉っぱにじゃれてるような。〈葉っぱ？〉このグリーンのところ。〈？〉色がグリーンだから。	W FM± A P CF P1
	54″			

付表

Ⅸ	5″∧ 53″	色はいっぱい使ってるけど，怖いような感じ。 ①オレンジのところが火。メラメラしているような感じ。	①火というか，笑っちゃうけど巨人の星とかお父さんの目に炎というか，そういうのが。その奥にこれがイカの目。このぼけたのが，イカの三角のところ。火の，火の後ろにいる感じ。〈火の後ろに？〉そう，後ろから見てる。〈火？〉火というか，火ではない…。怖い絵とか映画とか，その正体が隙間からチラチラ見えると怖い。演出しているような。火に近いけどモアモアしたもの…。〈？〉色がこう薄くて，長くなって。イメージからグリーンとオレンジを混ぜるのはきれいじゃない。それでかな。〈場所は？〉赤いところはよくわからない。インパクトは目。混ざってるとこが汚い。怖い。	W 	FM干 （A） CF　　　Fire FK cF
Ⅹ	6″ 11″∧	これもあまり気持ちのいい絵じゃない。 ①水色のところがクモみたい。	〈クモ？〉足がいっぱいある。クモって足が節々してる。これもギザギザしているから。	D	F± 　A
	∧	②これもバイキン君って感じ。	②〈バイキン君？〉この２つ。〈？〉子ども番組とか。虫歯のバイキン君に見てる。色とか触角。白くなってるのが目，手，足。	D	FC'± （A）
	∧	③この辺，顔で…まぬけなようにも，怖いようにも見えるし，こっちを見てる。これがヒゲのように。	③目で，鼻で，ヒゲ。〈どこ？〉これブルーをとるといいおじさんの感じ。ブルーを入れると怖いような気もする。〈？〉まゆ毛に見える。怖い顔になる。しわとか上がったり，まゆ…わからない。何だろうとも思うし，まゆにも。	dr,S	F± 　Hd
	∧ 1′13″	ここにも怖いものがいる。	〈？〉忘れちゃった…。この色使いが，赤いところとしては…いい感じはしない。		

Like Card:	Ⅷ「色とか明るいから。Ⅶも下がなければ好き。」
Dislike Card:	Ⅵ，Ⅸ「これも耐えられる…これも…ⅥかⅨか。」 Ⅵ「血が直接的。色も。」 Ⅸ「怖い…色使いは明るい色もあるのに，後ろの方に怖いのがいて，得体が知れない。」
Self Card:	Ⅸ「難しい…わからないけど…他の時間なら別かも。今ならⅨ。得体が知れないから。」
Mother Card:	Ⅱ「ゾウみたいな感じ。」
Father Card:	なし「イメージはⅣでも，うちの父はネズミ年。Ⅵの上。どれと言うのも…。」
夫 Card:	Ⅷ（コメントなし）

169

付表

付表2　サイズの実測値の代表値とヒストグラム

　母親像・子ども像のサイズは，立像の場合は頭部の先端から足先までの距離を測定した。座位の場合には画面に描かれている部分の長さを測定した。机や布団などで体の一部が隠れている場合は測定不能として除外した。

　母親像のサイズは16mm—210mm（Mean：135.4mm，SD：41.1），子ども像のサイズは11mm—185mm（Mean：77.4mm，SD：30.0）であった。各像のヒストグラムを以下に示す。

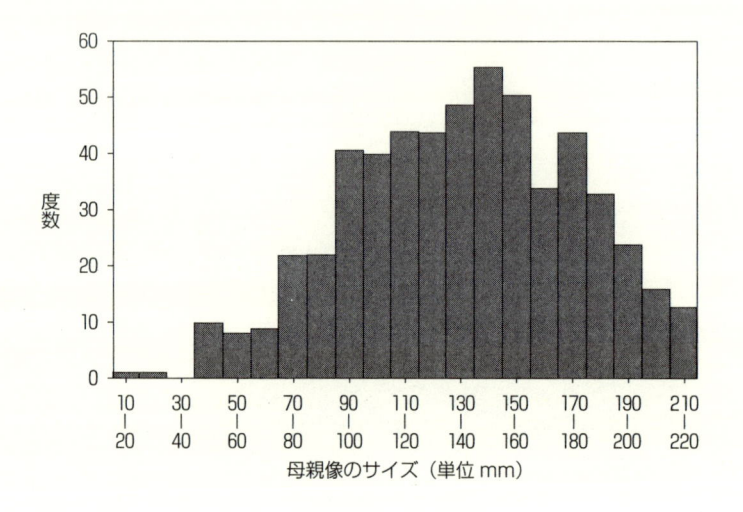

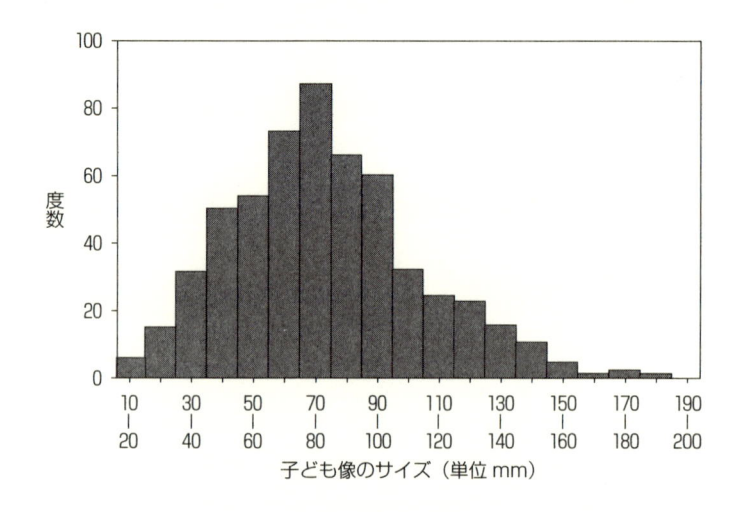

付表3 年齢の代表値とヒストグラム

　母親像の年齢は6歳—120歳（Mean：30.3歳，SD：6.3），子ども像の年齢は0歳—22歳（Mean：4.7歳，SD：3.2）であった。各像の年齢のヒストグラムを以下に示す。

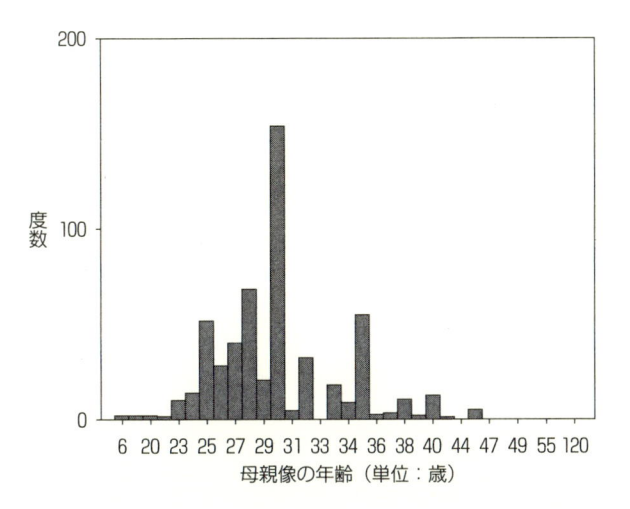

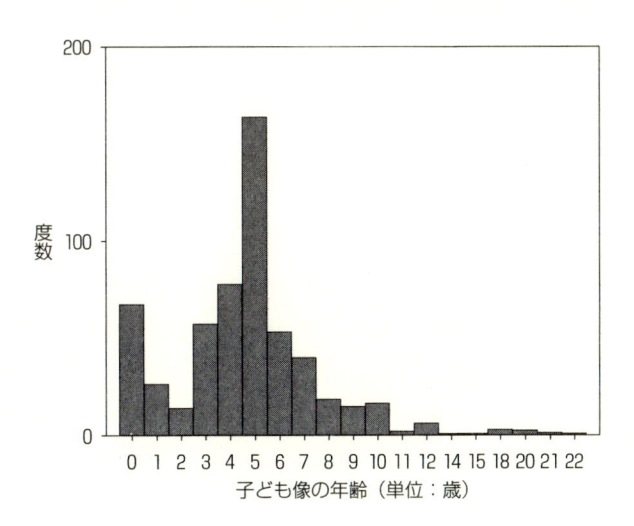

母親像の年齢（単位：歳）

子ども像の年齢（単位：歳）

付表

付表4　成人版愛着スタイル尺度の因子分析結果

項目	第I因子	第II因子	第III因子
9. 私は時々，友達が本当は私を好いてくれていないのではないかとか，私と一緒にいたくないのではないかと心配になる。	0.711	−0.122	0.000
3. 人は，本当はいやいやながら私と親しくしてくれているのではないかと思うことがある。	0.649	−0.025	0.081
6. 私はあまり自分に自信を持てない方である。	0.584	−0.181	−0.107
18. 私は自分を信用できないことがよくある。	0.495	−0.141	0.129
15. 私はいつも人と一緒にいたがるので，時々人からうとまれてしまう。	0.421	0.021	−0.173
13. どんなことがあっても，友達は私を見捨てたりしないと思う。	−0.364	0.241	−0.222
8. 人は全面的に信用できないと思う。	0.351	−0.001	0.323
12. 私は誤解されやすい方だ。	0.311	0.051	0.075
1. 私は人より知り合いができやすい方だ。	0.114	0.801	−0.123
4. 私はわりあいにたやすく人と親しくなる方だと思う。	0.052	0.793	0.014
10. 私は人に好かれやすい性質だと思う。	−0.364	0.576	0.010
16. たいていの人は私を好いてくれていると思う。	−0.417	0.436	0.038
7. 私は気楽に頼ったり頼られたりすることができる。	−0.182	0.379	−0.240
11. 私は人に頼らなくても，自分ひとりで十分にうまくやっていくことができると思う。	−0.179	0.055	0.560
2. 私はあまり人と親しくなるのが好きではない。	0.028	−0.150	0.483
14. 人に頼るのは好きではない。	−0.069	−0.084	0.469
17. 生涯つきあっていきたいと思うような友人はほとんどいない。	0.202	−0.224	0.361
5. 人にあまり親しくされたり，こちらが望む以上に親しくなることを求められると，イライラしてしまう。	0.133	0.083	0.338
因子寄与率	13.85	11.97	7.28
累積寄与率	13.85	25.82	33.10

付表 5-1　描画指標の性差（出現頻度）

描画指標	表現型	男性 度数	男性 %	女性 度数	女性 %	合計	有意確率
母親像の形態	全身	149	86.1	320	80.6	469	n.s.
	半身	14	8.1	56	14.1	70	
	顔	8	8.0	15	3.8	23	
	隠れている	2	1.2	6	1.5	8	
子ども像の形態	全身	158	91.3	342	86.1	500	n.s.
	半身	4	2.3	28	7.1	32	
	顔	7	4.0	15	3.8	22	
	隠れている	4	2.3	12	3.0	16	
母親像のサイズ	小さい	13	7.5	17	4.3	29	n.s.
	普通	134	77.5	297	74.8	431	
	大きい	21	12.1	70	17.6	91	
	測定から除外	5	2.9	13	3.3	19	
子ども像のサイズ	小さい	43	24.9	46	11.6	88	0.000
	普通	119	68.8	299	75.3	418	
	大きい	6	3.5	39	9.8	45	
	測定から除外	5	2.9	13	3.3	19	
母親像の表情	笑顔	74	42.8	321	80.9	394	0.000
	非笑顔	48	27.7	42	10.6	91	
	後ろ姿	11	6.4	6	1.5	17	
	空白の顔	40	23.1	28	7.1	68	
子ども像の表情	笑顔	66	38.2	285	71.8	349	0.000
	非笑顔	57	32.9	73	18.4	132	
	後ろ姿	8	4.6	12	3.0	20	
	空白の顔	42	24.3	27	6.8	69	
身体接触	抱く	43	24.9	88	22.2	121	0.010
	手をつなぐ	81	46.8	232	58.4	313	
	子からの接触	0	—	5	1.3	15	
	非接触	49	28.3	72	18.1	121	
アイコンタクト	母⇔子	24	13.9	98	24.4	122	0.044
	母⇨子	27	15.6	54	13.1	81	
	子⇨母	11	6.4	22	5.5	33	
	アイコンタクトなし	111	64.2	223	56.9	334	

付表

付表 5-2 性別により出現頻度に偏りがみられた表現型の心理検査結果

1. 子ども像のサイズ（小さい）

	性別	N	Mean	SD	有意確率
secure 得点	男性	30	23.5	7.48	
	女性	22	22.6	5.84	
anxious 得点	男性	30	24.3	6.33	
	女性	22	25.8	6.19	
avoidant 得点	男性	30	19.3	4.08	
	女性	22	19.0	6.34	
肯定感情	男性	30	3.6	1.94	
	女性	10	3.7	1.64	
否定感情	男性	30	2.8	2.13	*
	女性	10	4.4	1.96	
両価感情	男性	30	0.7	1.12	
	女性	10	0.6	0.70	
積極感情	男性	30	3.2	1.54	
	女性	10	3.3	0.72	
消極感情	男性	30	3.2	1.35	**
	女性	10	4.9	1.86	
防衛感情	男性	30	5.0	1.38	*
	女性	10	3.3	2.16	
CP	男性	18	8.2	5.07	
	女性	5	9.4	1.14	
NP	男性	18	13.4	4.34	
	女性	5	10.8	3.90	
A	男性	18	11.2	3.85	
	女性	5	11.2	4.09	
FC	男性	18	11.8	4.15	
	女性	5	13.8	5.07	
AC	男性	18	11.2	4.82	
	女性	5	9.4	5.81	

2. 母親像の表情（笑顔）

	性別	N	Mean	SD	有意確率
secure 得点	男性	49	25.1	6.47	
	女性	170	24.8	5.14	
anxious 得点	男性	49	22.0	5.57	*
	女性	170	24.1	5.72	
avoidant 得点	男性	49	18.4	5.02	
	女性	170	17.6	4.50	
肯定感情	男性	48	4.2	2.42	
	女性	104	3.7	1.69	
否定感情	男性	48	2.7	1.93	*
	女性	104	3.4	1.74	
両価感情	男性	48	0.7	1.07	
	女性	104	0.6	0.79	
積極感情	男性	48	3.6	1.95	*
	女性	104	3.0	1.60	
消極感情	男性	48	3.2	1.56	*
	女性	104	4.1	1.64	
防衛感情	男性	48	4.3	1.80	
	女性	104	4.4	1.91	
CP	男性	30	7.3	4.88	
	女性	66	7.0	3.64	
NP	男性	30	13.3	5.05	
	女性	66	14.2	4.08	
A	男性	30	10.5	4.87	
	女性	66	9.7	4.28	
FC	男性	30	12.6	4.86	
	女性	66	12.2	4.86	
AC	男性	30	12.0	5.32	
	女性	66	11.2	5.40	

付表

3. 子ども像表情（笑顔）

	性別	N	Mean	SD	有意確率
secure 得点	男性	46	25.9	6.37	
	女性	156	25.2	5.12	
anxious 得点	男性	46	21.4	5.70	*
	女性	156	23.8	5.57	
avoidant 得点	男性	46	18.2	5.34	
	女性	156	17.4	4.31	
肯定感情	男性	45	4.4	2.54	
	女性	93	3.9	1.67	
否定感情	男性	45	2.8	1.94	
	女性	93	3.1	1.72	
両価感情	男性	45	0.5	0.79	
	女性	93	0.5	0.79	
積極感情	男性	45	3.9	2.17	**
	女性	93	3.0	1.55	
消極感情	男性	45	3.3	1.56	*
	女性	93	4.0	1.67	
防衛感情	男性	45	4.2	2.01	
	女性	93	4.5	1.90	
CP	男性	29	7.3	4.69	
	女性	58	7.0	3.71	
NP	男性	29	12.9	5.36	
	女性	58	14.1	3.93	
A	男性	29	10.7	5.11	
	女性	58	9.9	4.24	
FC	男性	29	11.6	5.03	
	女性	58	12.2	4.86	
AC	男性	29	11.9	5.58	
	女性	58	10.9	5.34	

4. 身体接触（非接触）

	性別	N	Mean	SD	有意確率
secure 得点	男性	33	24.0	5.53	
	女性	35	23.3	5.46	
anxious 得点	男性	33	21.6	6.61	*
	女性	35	25.1	6.26	
avoidant 得点	男性	33	20.8	4.89	
	女性	35	19.2	5.81	
肯定感情	男性	31	3.3	2.05	
	女性	23	3.4	2.06	
否定感情	男性	31	3.5	2.01	
	女性	23	3.3	1.64	
両価感情	男性	31	0.4	0.66	*
	女性	23	0.9	1.12	
積極感情	男性	31	3.0	1.52	
	女性	23	2.5	1.34	
消極感情	男性	31	3.7	1.59	
	女性	23	4.3	1.65	
防衛感情	男性	31	4.9	1.65	
	女性	23	4.3	2.23	
CP	男性	22	7.1	4.18	
	女性	12	7.1	3.29	
NP	男性	22	10.6	4.04	
	女性	12	12.3	4.47	
A	男性	22	11.2	4.54	
	女性	12	8.8	5.22	
FC	男性	22	10.5	4.69	
	女性	12	10.8	4.90	
AC	男性	22	11.7	5.93	
	女性	12	11.8	5.86	

付表

5. アイコンタクト（母←子）

	性別	N	Mean	SD	有意確率
secure 得点	男性	12	26.7	4.21	
	女性	48	25.0	4.66	
anxious 得点	男性	12	17.8	5.91	**
	女性	48	23.5	5.69	
avoidant 得点	男性	12	17.6	5.85	
	女性	48	17.5	4.11	
肯定感情	男性	11	5.4	2.62	*
	女性	31	3.7	1.80	
否定感情	男性	11	2.5	1.75	
	女性	31	2.9	1.57	
両価感情	男性	11	0.5	0.82	
	女性	31	0.5	0.89	
積極感情	男性	11	4.0	1.99	
	女性	31	2.8	1.56	
消極感情	男性	11	3.7	1.40	
	女性	31	3.8	1.57	
防衛感情	男性	11	3.6	1.91	
	女性	31	4.9	2.23	
CP	男性	8	7.0	4.07	
	女性	19	6.4	4.19	
NP	男性	8	14.8	5.65	
	女性	19	15.4	3.00	
A	男性	8	12.3	3.88	
	女性	19	10.5	5.02	
FC	男性	8	14.4	4.34	
	女性	19	13.2	4.73	
AC	男性	8	9.3	5.28	
	女性	19	10.1	6.80	

著者紹介

馬場史津（ばば・しづ）
 1966年 京都府に生まれる
 2004年 文教大学大学院人間科学研究科臨床心理学専攻博士課程修了
 現在 東京福祉大学社会福祉学部助教授

〈主論文〉 ロールシャッハ身体像境界得点に関する一考察　—Barrier score と Penetoration score の相互関係を中心として—　ロールシャッハ研究，**32**，87-100．1990年

    有機溶剤嗜癖者のロールシャッハ反応　臨床精神医学，**28**（6），663-670．1999年

    母子画の基礎的研究　—成人版愛着スタイル尺度との関係から—　臨床描画研究，**18**，110-124．2003年

母子画の基礎的・臨床的研究
2005年6月1日　初版第1刷印刷　　定価はカバーに表示
2005年6月10日　初版第1刷発行　　してあります。

著　　者　　馬　場　史　津
発　行　者　　小　森　公　明
発　行　所　　㈱北大路書房
〒603-8303 京都市北区紫野十二坊町12-8
電　話　(075) 431-0361㈹
FAX　(075) 431-9393
振　替　01050-4-2083

Ⓒ2005　　　　　　　　　　印刷・製本／㈱シナノ
検印省略　落丁・乱丁本はお取り替えいたします。
　　ISBN4-7628-2445-3　　Printed in Japan